초등학교 1학년이
꼭 알아야 할

논술
위인

주식회사  지원

이순신 장군

김유신 장군

조선의 고종임금

조선의 단종임금

조선의 영조임금

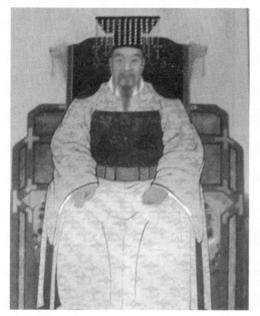

고려의 태조 왕건

조선의 태조 이성계

계백장군

어사 박문수

개성에 있는 고려의 첨성대

권율장군의 행주산성

삼국통일을 이룬 통일신라의 문무대왕 수중릉

신라의 대표적인 유적인 불국사 극락전

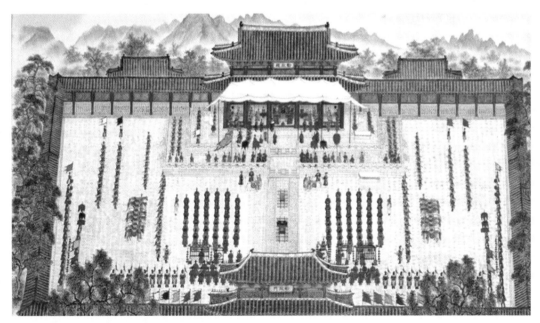

조선 세종대왕 때 훈민정음 반포를 알리는 장면
- 세종영릉 안에 있는 훈민정음반포도

신라 박혁거세의 왕비가 태어났다는 알영정

개심사지 오층석탑(보물 53호)

성덕대왕 신종, 일명 에밀레 종(국보 29호)

불국사 다보탑(국보 20호)

국보 45호로 지정된 부석사 소조여래좌상

금관총 신라 금관
(국보 87호)

석굴암 석불(국보 24호)

경주 첨성대(국보 31호)

고려 고종 때 왕이 머물던 강화도 고려궁터

고려청자 상감운학문매병

– 차 례

〈초등학생이 꼭 알아야 할 논술 위인들〉의 특징

이 책은 초등학교 1학년이 알아야 할 위인을 총망라한 것으로, 국어 읽기 · 쓰기 · 말하기는 물론, 바른 생활과 자연 · 음악 · 미술까지 각 단원에서 다루었거나 참고서 예문으로 나온 위인을 모두 선정하였다.

특히 1학년 학생들의 수준에 맞추어 재미있는 이야기로 풀어 위인의 일생을 알게 하였고, 위인에게서 알아야 하는 업적과 특징을 간략하게 뽑아 엮었다.

각 위인이야기 뒤에는 논술 학습정리를 따로 만들어, 각 위인을 통하여 배우는 결론과 의의를 정리하였다.

또한 '논술 보충학습 자료'를 추가하여, 논리를 유도하는 질문과 내용을 총괄적으로 정리하는 해답을 넣어 한눈에 위인의 일생과 업적 등을 알 수 있게 하였다.

〈초등학생이 꼭 알아야 할 논술 위인들〉의 구성

각 위인의 페이지 구성에 따른 해설이다.

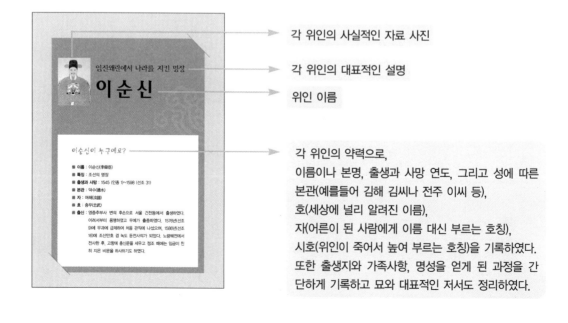

각 위인의 사실적인 자료 사진

각 위인의 대표적인 설명

위인 이름

각 위인의 약력으로,
이름이나 본명, 출생과 사망 연도, 그리고 성에 따른 본관(예를들어 김해 김씨나 전주 이씨 등),
호(세상에 널리 알려진 이름),
자(어른이 된 사람에게 이름 대신 부르는 호칭),
시호(위인이 죽어서 높여 부르는 호칭)을 기록하였다.
또한 출생지와 가족사항, 명성을 얻게 된 과정을 간단하게 기록하고 묘와 대표적인 저서도 정리하였다.

이순신 장군은 이런 사람이야!

옛날 조선시대 때 임진왜란하면, 제일 먼저 이순신 장군을 떠올리게 됩니다.

임진왜란은 선조임금 때, 일본이 조선을 침략한 아주 큰 전쟁입니다. 이순신 장군은 당시 '수군절제사'라는, 조선의 바다를 책임지는 최고의 대장으로 있었습니다.

그러나 처음부터 이순신 장군이 최고의 대장으로 있지는 못했습니다. 오랫동안 낮은 벼슬에 머물러 있던 이순신 장군은, 장군으로서 군사적인 재질은 뛰어났지만, 태어난 신분이 미천하다 보니 좀처럼 벼슬의 급을 높일 수가 없었습니다.

그러던 중 어릴 적부터 한 고향에서 친하게 지낸 유성룡의 추천으로, 임진왜란 때 수군 대장으로 임명된 것입니다.

나라의 남대문과 같은 남쪽 바다를 지키는 책임을 짊어진 이순신은, 나랏일에 온 힘을 다하였습니다.

어느 날 하늘에 별들이 총총 떠있을 때였습니다. 바닷가를 순찰하던 군관 송희립은 옥선 위에 앉아 있는 이순신을 발견하였습니다.

이순신 장군은 시를 한 수 쓰고 있었습니다.

16 · 1학년이 꼭 알아야 할 위인들

이순신 · 17

쉽고 재미있는 본문 구성과 시원스럽게 커진 활자와 모양

이야기에 어울리는 재미있는 그림

논술 보충 학습 자료

1 이순신 장군은 어느 시대의 사람인가?

조선 인종 때 태어나 명종과 선조 때의 무관으로, 수군에 몸을 두기는 47세가 되던 1591년, 전라도 수군절도사로 도임되면서부터였다.

2 거북선의 특징과 성능에 대해서 설명해 보자.

거북이 같이 생긴 배 앞에 철갑을 씌워 화살이 뚫을지 못하게 하고, 배 둘레에는 뾰족한 총검을 박아, 적들이 배전으로 붙지 못하게 했다. 또한 배 위에는 화포 입어 개를 걸고, 거북의 입에서는 검은 연기를 뿜게 하여 자기를 위장할 수 있고, 적들이 방향을 찾지 못하게 만들어졌다.

3 이순신장군이 지휘한 전투는 어디인가?

• 제1차 옥포 · 적진포
• 제2차 사천 · 당포 · 율포
• 제3차 한산도 · 안골포
• 제4차 부산포 해전
• 제5차 명량대첩
• 제6차 노량대첩

4 이순신이 옥살이를 하게 된 이유와 풀려난 계기는?

이순신의 공을 시기하는 원균이, 일본과 이간질을 하여 1596년(선조29)에 이순신을 압송시키고, 정작 원균은 방탕한 생활로 군사를 소모시켰다. 1597년 정유재란으로 천신의 수군이 대패하자, 긴급한 조정에서는 병조판서 이항복의 청을 들어 이순신을 수군통제사로 임명하게 됨.

5 이순신이 자신의 죽음을 알리지 말라고 한 까닭은?

전투가 한창인데, 지휘하는 장군이 죽었다면 군사들의 사기가 떨어져 싸우지 못할 것을 걱정하였기 때문이다.

각 위인을 읽고 논리를 유도하는 질문과 내용을 총괄적으로 정리하는 해답

간행되었습니다.

허준이 《동의보감》이 나온 지 5년 만인 1615년 8월 13일, 70세의 일기로 그의 평생 유산인 《동의보감》을 어루만지다가 고요히 잠들었습니다.

논술 학습 정리

허준의 《동의보감》

《동의보감》 서문에 의하면, '이 책은 25권으로 구성되었는데, 각 약재에는 차방병증과 산지, 그리고 채집하는 시기와 약을 짓는 방법을 붙였으므로, 쉽게 알아 쓰게 될 것이다.'라고 밝혔습니다.

《동의보감》은 실로 당시 조선 의학의 집대성으로서, 비단 조선의 국보일 뿐만 아니라 널리 중국, 일본, 에까지 전해져 여러 차례 간행되었습니다.

90 · 1학년이 꼭 알아야 할 위인들

논술 학습 정리로, 위인 이야기를 읽고난 후의 결론과 의의

〈전기문〉을 읽고 공부하는 방법

전기문의 특징

1. 전기문이란, 나라나 사회를 위하여 훌륭한 일을 한 사람의 일생을 사실대로 쓴 글입니다.
2. 전기문의 특징으로는 다음과 같습니다.
   첫째로는 개인의 역사를 사실대로 쓴 글입니다.
   둘째로는 인물의 출생에서 사망까지의 이야기가 보통 시간의 순서대로 씌어집니다.
   세째로는 인물이 살았던 시대와 그 시대의 역사적 특성이 나타나 있습니다.
3. 전기문을 읽는 요령으로는 다음과 같은 것이 있습니다.
   ① 이야기의 줄거리를 훑어 봅니다.
   ② 주인공에 대해서 자세히 알아봅시다.
     • 주인공이 자라 온 과정과 성격
     • 주인공이 살았던 시대의 모습
     • 주인공이 한 일 (업적)
     • 주인공에 대한 일화
   ③ 읽고 난 느낌을 글로 써 봅시다.
   ④ 주인공의 훌륭한 점을 본받아서 실천하도록 합시다.

전기문 읽기

1. 전기문을 읽으면서 다음과 같은 사항들을 알아보세요.
   ① 인물의 성격을 파악하세요.
   ② 인물이 한 일이 무엇인지 알아보세요.
   ③ 인물이 다른 사람들에게 끼친 영향이 무엇인지 알아보세요.
   ④ 인물에게서 본받을 점이 무엇인지 알아보세요.

임진왜란에서 나라를 지킨 명장

이순신

이순신이 누구예요?

- ❀ 이름 : 이순신(李舜臣)
- ❀ 특징 : 조선의 명장
- ❀ 출생과 사망 : 1545 (인종 1)~1598 (선조 31)
- ❀ 본관 : 덕수(德水)
- ❀ 자 : 여해(汝諧)
- ❀ 호 : 충무(忠武)
- ❀ 출신 : 영중추부사 변의 후손으로 서울 건천동에서 출생하였다. 어려서부터 용맹하였고 무예가 출중하였다. 1576년(선조 9)에 무과에 급제하여 처음 관직에 나섰으며, 1586년(선조 16)에 조산만호 겸 녹도 둔전사의가 되었다. 노량해전에서 전사한 후, 고향에 충신문을 세우고 정조 때에는 임금이 친히 지은 비문을 하사하기도 하였다.

이순신 장군은 이런 사람이야!

옛날 조선시대 때 임진왜란하면, 제일 먼저 이순신 장군을 떠올리게 됩니다.

임진왜란은 선조임금 때, 일본이 조선을 침략한 아주 큰 전쟁입니다.

이순신 장군은 당시 '수군절제사' 라는, 조선의 바다를 책임지는 최고의 대장으로 있었습니다.

그러나 처음부터 이순신 장군이 최고의 대장으로 있지는 못했습니다. 오랫동안 낮은 벼슬에 머물러 있던 이순신 장군은, 장군으로서 군사적인 재질은 뛰어났지만, 태어난 신분이 미천하다 보니 좀처럼 벼슬의 급을 높일 수가 없었습니다.

그러던 중 어릴 적부터 한 고향에서 친하게 지낸 유성룡의 추천으로, 임진왜란 때 수군 대장으로 임명된 것입니다.

　나라의 남대문과 같은 남쪽 바다를 지키는 책임을 짊어진 이순신은, 나랏일에 온 힘을 다하였습니다.

　어느 날 하늘에 별들이 총총 떠있을 때였습니다. 바닷가를 순찰하던 군관 송희립은 목선 위에 앉아 있는 이순신을 발견하였습니다.

　이순신 장군은 시를 한 수 쓰고 있었습니다.

한산섬 달밝은 밤에 수루에 홀로 앉아

큰 칼 옆에 차고 깊은 시름에 잠겼는데

어디서 일성호가 부르는 소리

나의 애를 끊이느뇨.

송희랍은 나라를 사랑하고 걱정하는 이순신 장군의 싯구를 보고는 조용히 장군의 곁에 앉았습니다.

"장군님, 날이 어두운데 안으로 들어가시죠?"

이순신 장군은 길게 한숨을 내쉬었습니다.

"지금 궁궐에서는 당파 싸움으로 엉망이오. 게다가 왜적들은 호시탐탐 기회를 노리고 있으니…, 수군도 보충해야 하고 양식과 병선도 장만해야 할 터인데, 이 모든 걸 다 우리 손으로 어떻게 해야 할지 걱정이오."

송희랍은 이순신의 근심을 덜어줄 생각으로 한 가지 건의를 하였습니다.

"수군 모집과 군량이야 우리 손으로 충분히 장만할 수 있습니다. 그러나 병선까지는 힘에 부치는 일이오니, 조정에 상소를 올려 도움을 받으면 어떠할지요?"

"그렇다고 무조건 조정에만 의탁할 수는 없는 일이잖소. 물론 병선은 꼭 있어야 왜적의 침입을 막을 수 있지. 그래서 말인데, 나는 요즘 거북선을 만들려는 생각을 하고 있소. 우리 조선의 수군들은 일찍부터 거북과 같은 모양의 배를 사용한 일이 있는데,

나는 그것을 다시 만들어 보려고 하오."

이순신은 모래 위에 거북이와 같은 모양의 배를 그려가면서,
자기가 생각하고 있는 설계에 대해 설명했습니다.

송희랍은 이순신의 구상에 대하여 감탄하였습니다.

"아주 그럴 듯한 설계입니다. 이 일을 조속히 여러 장군들과 상
의하여 결정하시지요."

▲ 이순신 장군이 거북선을 타고 바다에서 싸우는 모습을 상상해서 그린 그림

　다음 날 이순신은 여러 장군들을 모아놓고 의논한 다음, 곧바로 거북선을 만드는 일에 착수하였습니다.

　그리고 얼마 후, 이순신 장군이 창안한 거북선이 세상에 선을 보였습니다.

　거북이 같이 생긴 뱃머리에는 철갑을 씌워 화살이 꿰뚫지 못하게 하고, 배 둘레에는 고슴도치 몸의 가시처럼 뾰족한 송곳을 촘촘하게 박아놓아, 적들이 거북선 가까이에 붙지 못하게 하였습니다.

　또한 배 위에는 화포 십여 개를 걸고, 거북의 입에서는 검은 연기를 뿜게 하였습니다.

이렇게 거북선은 자기를 위장할 수 있고, 적들이 방향을 찾지 못하게 만들어졌습니다.

그 동안 장군은 40여 척의 거북선을 만들고 군량을 충분히 마련하였으며 수군도 적지 않게 모집하였습니다. 그렇지만 이순신은 이에 만족하지 않고, 언제나 긴장이 풀어진 군사가 없는지 한 순간도 시름을 놓지 않았습니다.

별들이 총총한 어느 깊은 밤이었습니다.

이순신이 잠자리에 누웠는데, 수염이 눈처럼 하얀 백발 노인이 바람처럼 쑥 들어왔습니다.

"장군, 지금 왜적이 가까이 쳐들어오나이다."

이순신 장군은 용수철 튕기듯 자리에서 벌떡 일어났습니다.

꿈이었습니다.

정신을 차리고 밖으로 나가 사방을 살펴보았습니다. 달은 온 세상을 대낮같이 환히 밝혀주고 검은 장막이 드리운 바다는 이

따금씩 출렁이고 있었습니다.

이순신은 방금 꾼 꿈을 되새겨 보았습니다.

'비록 꿈이지만 소홀히 할 수 없는 법…….'

이순신은 곧장 군사들을 깨우고 즉각 출동할 수 있도록 전투 준비를 시켰습니다.

"내 꿈에 적이 쳐들어온다는 소식을 들었다. 모두 명심하고 활

과 거북선을 정비하라!"

이순신 장군의 명이 떨어지자, 군사들은 꿈에 들은 소식을 과연 믿을 수 있을까 하며 수근거렸지만, 명령에 거역할 수도 없었습니다.

삼경을 알리는 종소리가 들린 지 얼마 지나지 않아서였습니다. 한 군사가 숨이 턱에 닿아 군영에 달려와 급보를 전하였습니다.

"남해에, 남해에 적선이 보입니다!"

멀리 남쪽 바다에는, 이미 바다를 다 덮다시피 하여 그 수를 헤아릴 수 없을 만큼 많은 적선들이 밀려오고 있었습니다. 후에 안 일이지만 이것이 바로 왜적 장수 마다시, 심안도가 인솔한 10만 수군이었습니다.

이순신은 경상도 우수 원균과 옥포만호 이운용에게 통지를 보내고, 그들과 함께 협공할 것을 약속했습니다.

징소리와 북소리에 천지가 뒤흔들리고 잠자던 남해는 삽시에 끓는 도가니가 되었습니다.

이순신이 거느리는 거북선은 한바탕 적선과 맞서다가, 후퇴하는 척 하면서 적선을 바다 한가운데로 유인하였습니다.

뒤를 부지런히 쫓아오던 적선은 거북선의 돌발적인 행동에 어리둥절하다가 크게 격파당하였습니다.

게다가 원균과 이억기의 병선까지 좌우로 협공하며, 화살과 철환을 우박치듯 퍼붓는 통에 적선은 어찌할 바를 모르고 쩔쩔 맸습니다.

이순신은 사기충천한 군사들을 지휘하여 적선을 여지없이 물리쳤습니다. 적선은 하나하나 불바다에 휩싸여 침몰되었고, 적장 마다시도 화포에 명중되었습니다.

적장이 쓰러지자, 나머지 군사들은 갈팡질팡 하다가 뿔뿔이 도망치고 말았습니다.

왜적과의 첫 싸움은 승리로 끝난 것입니다.

이로써 이순신은 제1차 옥포·진포에서의 전투를 시작으로, 제2차 사천·당포·율포, 제3차 한산도·안골포, 그리고 제4차의 부산포까지 왜적을 모조리 대파시켰습니다.

특히 한산도와 부산포의 전투는 가장 유명한 것으로, 이순신 장군으로 하여금 조선 바다의 제해권을 장악하게 된 것입니다.

조정에서는 그의 탁월한 전술과 지도력을 인정하여 '정헌대부' 라는 벼슬을 주고, '삼도수군통제사' 에 임명하였습니다.

여러 곳에서 승전한 이순신 장군은 미리 닥쳐올 더 큰 싸움을 예견하고, 작전의 편리를 위해 본 작전 기지를 여수항에서 한산도 두을포로 이동하였습니다.

그리고 얼마 안 되어서 일입니다. 그 날은 남해 상공에 검은 구름이 뒤덮이고, 세찬 파도가 하늘로 치솟았습니다.

경상도 우수사 원균이 그렇게 배신할 줄은 꿈에도 몰랐습니다.

이순신의 공을 시기하던 원균은, 이순신에게 없는 죄를 덮어씌워, 임금에게 거짓 상소문을 올렸습니다.

"이순신은 처음부터 해상왕을 꿈꾸고 있었습니다. 처음 왜적을 공격할 때도 왕실의 명을 거역하다가 마지못해 출동하여, 우리 수군에 막대한 손실이 있었습니다."

위와 같은 원균의 거짓 상소문은, 이순신을 없애려는 일본의 꾀와 조선 조정의 간신에 의해 통과가 되었습니다.

마침내 선조 29년 2월, 이순신은 삼도수군통제사 벼슬에서 해임되어 한양으로 압송되는가 하면, 모진 고문 끝에 사형이라는 형벌까지 받게 되었습니다. 한 순간에 이순신은 나라의 역적으로 몰리게 된 것입니다.

이순신 장군이 한산도를 떠나자, 원균은 자기의 소원대로 삼도 수군통제사의 벼슬자리를 차지하였습니다. 그는 이순신이 신임하던 예전의 장군들을 모조리 파직시킨 다음, 자기의 심복들을 그 자리에 앉혔습니다.

그리고 이순신의 공적들을 자기의 공로로 치부하고, 그것을 축하한다면서 매일 술과 놀이에 빠져있었습니다. 따라서 전투 준비라고는 전혀 하지 않았지요.

한편 이순신이 한산도를 떠났다는 소식을 들은 왜적들은, 시기를 놓칠 새라 조선을 다시 침략할 준비를 하였습니다.

마침내 선조 31년(1597: 정유년), 왜장 기토 기요마사는 육군과 수군 14만 명을 동원하여 부산을 향해 벌떼처럼 달려들었습니다.

이때 원균은 병선 500척을 거느리고 부산 절영도로 싸우러 나갔다가 왜적에게 크게 패하고, 자기 혼자 칠천도로 도망가 버렸습니다.

도원수 권율은 원균을 호되게 꾸짖으며 다시 싸움터에 내보냈습니다. 그러나 원균은 칠천도 싸움에서도 크게 패하고, 그나마 거제도 부근에서 왜병에게 목숨을 잃고 말았습니다.

▲ 이순신 장군 영정

원균이 대패하고 왜적이 벌써 전라도 · 충청도에 발을 붙였다는 소식이 전해지자, 조정에서는 크게 놀라며 어찌할 바를 모르고 있었습니다. 이 때 병조판서로 있던 이항복이 조정에 청을 했습니다.

"수군 통솔에는 이순신을 당할 자가 없사오니, 그를 석방하여 다시 삼도 수군통제사로 보냄이 지당한 줄 아뢰오."

임금은 위급한 국면을 만회하기 위해 더는 지체할 수 없었습니다. 그래서 이항복 병조판서의 요청에 따라 즉시 명을 내렸습니다.

"이순신을 무죄로 석방하고, 그를 다시 삼도수군통제사로 임명하노라!"

　이순신은 드디어 억울한 옥중 생활을 마치고, 조정의 명을 받아 다시 싸움터로 되돌아갔습니다. 이순신이 전라도 화령포에 이르러 보니 수군은 산산이 흩어지고, 빈 배 12척 만 쓸쓸히 남아 있었습니다.

　그러나 왜적들은 이순신이 수군들을 수습하기도 전에, 벌써 명량해협으로 들이닥쳤습니다.

당시 이순신 장군의 수중에는, 왜적의 절반도 안 되는 12척의 병선과 120여 명의 수군 밖에는 없었습니다. 그러나 이순신은 엄청난 역부족에도 아랑곳하지 않았습니다.

그는 군사들을 모아놓고 힘차게 말했습니다.

"옛날 병법에 이르기를, 죽기를 각오하고 싸우면 살고, 살려고 발버둥치면 죽는다고 하였소. 한 사람이 길목을 지켜도 천 명을 대적할 수 있는 법, 이는 곧 오늘 우리의 처지를 두고 하는 말이오. 비록 병선이 열두 척 뿐이라도, 목숨을 걸고 용감하게 싸운다면 반드시 왜적을 불리칠 수 있소!"

그는 주먹을 불끈 치켜들며 거북선을 몰고 적선을 맞받아 힘차게 돌진하였습니다.

이 싸움이 유명한 '명량대첩'으로, 이순신 장군은 12척의 작은 병선으로 수많은 왜적들을 대파시키고, 바다의 제해권을 다시 찾게 된 승리의 대전이었습니다.

명량대첩이 조선의 대승리로 끝나고, 임진왜란을 일으킨 토요

토미 히데요시는, 왜병들을 철수하라는 유언을 남기고 1597년 (선조 30)에 죽게 되었습니다. 그 소식을 들은 이순신은 끝까지 왜적을 쫓아 물리쳐야겠다고 생각하였습니다.

그는 군사를 이끌고, 왜적들이 철수하는 노량해협에서 적을 맞이하였습니다. 그렇다고 이순신에게 많은 군사와 병선이 있는 것도 아니었습니다.

막바지에 이른 왜적은, 이순신의 수중에 병선이 얼마 안 된다는 것을 알고, 수십 척이 한 편대를 이루어 거북선을 포위하는 전술로 이순신의 포위망을 좁히고 있었습니다.

이런 상황에 이순신이 지휘하는 거북선은, 적선 편대 속을 유유히 드나들며 총포와 화살을 퍼붓고 먼저 왜적의 지휘선을 침몰시켰습니다. 남은 왜적들은 비명을 지르며 갈팡질팡 하다가 불에 타거나 바닷물에 곤두박혔습니다.

이 때였습니다. 아군 안위가 이끄는 병선이 그만 적에게 포위되었고, 왜적들은 개미떼처럼 배 위로 기어오르고 있었습니다.

이 위험한 찰나에 이순신은 오히려 거북선을 돌려 급히 그 쪽으로 질주했습니다. 거북선은 시커멓게 검은 연기를 뿜어, 적들이 연막 속에서 방향을 잡지 못하게 한 후, 총포로 집중 사격을 가하였습니다. 배 위에 있던 왜적들은 비명을 지르며 첨벙첨벙 물 속으로 떨어졌습니다.

이순신이 거북선을 지휘하여 한창 생사를 가르며 싸움을 하고 있을 때였습니다. 갑자기 왜적의 화살이 날아와 장군의 옆구리에 박혔습니다.

이순신은 몸을 가누지 못하고 쓰러졌습니다. 그리고 모진 고통을 무릅쓰고 곁에 섰던 맏아들과 조카를 시켜, 방패로 화살을 맞은 몸을 가리게 하고는 엄하게 말했습니다.

"지금 전투가 한창이니, 내가 죽었다는 것을 군사들에게 알리지 말라!"

이순신은 눈을 감지 못한 채, 남해 상공을 물끄러미 바라보았습니다.

조카 완은 이순신 장군의 뒤를 이어, 계속 전투를 지휘하였고 200여 척의 적선과 만여 명의 적들을 깊은 바닷속에 처넣었습니다.

이순신 장군이 눈을 감았다는 비보가 전해지자, 삼천리 강산은 온통 슬픔에 잠겼습니다.

선조임금은 특사를 보내어, 이순신을 조문하고 '선무일등공신'이라는 호를 주어 '덕풍군'으로 봉하며, 우의정 및 좌의정으로 벼슬을 높여 주었습니다.

7년 간이나 끌어오던 임진왜란은, 이순신 장군이 장렬한 최후를 마친 노량해전의 대승리로 마침내 끝이 났습니다.

이때가 선조 31년, 1597년이었습니다.

그로부터 세월은 흘러 이미 400여 년이 지난 지금, 이순신 장군은 그 지극한 충성과 숭고한 인격, 그리고 위대한 통솔력으로 한국 역사상 가장 위대한 인물로 꼽히고 있으며, 임진왜란 중 국가의 운명을 홀로 지탱한 민족적 은인으로 평가되고 있습니다.

논술 학습 정리

이순신 장군의 임진왜란

이순신 장군은 임진왜란이 일어나기 전 해에 해군의 필요성을 예견하고 함선을 건조하였을 뿐만 아니라, 군사 훈련도 게을리 하지 않았습니다.

이순신의 활약은 해상권을 완전히 조선군 수중에 있게 하였을 뿐만 아니라, 해상으로 북진하여 육군과 합세하려던 왜군의 작전까지 무너뜨린 것입니다.

거 북 선

거북선은 고려, 조선 시대의 군함입니다. 조선 수군의 지휘관 이순신이 임진왜란 직전에 건조하여 임진왜란 중 사천 해전에서 첫 출전한 이래 일본 수군에게는 공포의 대명사가 되었습니다. 조선왕조실록등의 기록에는 거북을 한자로 옮긴 귀선으로 적혀 있습니다. 1973년 9월 대한민국에서는 500원권 지폐의 앞면에 이순신과 거북선을, 뒷면에는 현충사를 도안으로 만들어 쓰기도 하였습니다. 1966년 이후로 발행된 5원 주화 앞면에도 거북선이 도안되었습니다.

논술 보충 학습 자료

1 이순신 장군은 어느 시대의 사람인가?

조선 인종 때 태어나 명종과 선조 때의 무관으로, 수군에 몸을 두기는 47세가 되던 1591년, 전라도 수군절도사로 도임되면서부터였다.

2 거북선의 특징과 성능에 대해서 설명해 보자.

거북이 같이 생긴 배 앞에 철갑을 씌워 화살이 꿰뚫지 못하게 하고, 배 둘레에는 뾰족한 송곳을 박아, 적들이 뱃전으로 붙지 못하게 했다. 또한 배 위에는 화포 십여 개를 걸고, 거북의 입에서는 검은 연기를 뿜게 하여 자기를 위장할 수 있고, 적들이 방향을 찾지 못하게 만들어졌다.

3 이순신장군이 지휘한 전투는 어디인가?

- 제1차 옥포 · 적진포
- 제2차 사천 · 당포 · 율포
- 제3차 한산도 · 안골포
- 제4차 부산포 해전
- 제5차 명량대첩
- 제6차 노량대첩

4 이순신이 옥살이를 하게 된 이유와 풀려난 계기는?

이순신의 공을 시기하는 원균이, 일본과 이간질을 하여 1596년(선조29)에 이순신을 압송시키고, 정작 원균은 방탕한 생활로 군사를 소모시켰다. 1597년 정유재란으로 전선의 수군이 대패하자, 긴급한 조정에서는 병조판서 이항복의 청을 들어 이순신을 수군통제사로 임명하게 됨.

5 이순신이 자신의 죽음을 알리지 말라고 한 까닭은?

전투가 한창인데, 지휘하는 장군이 죽었다면 군사들의 사기가 떨어져 싸우지 못할 것을 걱정하였기 때문이다.

동의보감으로 백성에게 건강을 준

허 준

허준이 누구예요?

- ❀ 이름 : 허 준 (許浚)
- ❀ 특징 : 조선 중기의 명의
- ❀ 출생과 사망 : 1546(명종 2)~1615(광해군 7)
- ❀ 본관 : 양천(陽川)
- ❀ 자 : 청원(淸源)
- ❀ 호 : 구암(龜巖)
- ❀ 과정 : 김포 출생으로, 할아버지 곤은 무과출신으로 경상도우수사를 지냈고, 아버지 윤도 무관으로 용천부사를 지냈다. 29세인 1574년 의과에 급제하여 의관으로 내의원에 있으면서 내의, 태의, 어의로서 명성을 높였을 뿐 아니라 〈동의보감〉을 편술하였다.
- ❀ 저서 : 〈동의보감〉 25권, 〈찬도방론맥결집성〉 4권, 〈언해구급방〉 〈두창집요〉 〈신찬벽온방〉 〈벽역신방〉 등

허준은 이런 사람이야!

1575년 여름, 임금의 병치료에 의원을 추천하라는 왕궁의 명령이 조선 팔도의 산간벽촌에까지 하달되었습니다.

조선 14대 왕 선조는, 본래 어려서부터 허약하여 항상 얼굴에 병색이 가득하였는데, 이 해 여름을 맞이하면서는 병세가 악화되기 시작하였습니다.

그러자 나라에서는 벼슬을 정해놓고 의과 시험을 쳐 우수한 인재를 뽑기로 하였습니다.

곧 조선 팔도에는 의과 시험을 친다는 방이 나붙고, 백여 명의 의원들이 한양으로 모여 시험을 치루었습니다.

그리고 마지막까지 남아 시험에 급제한 사람은 단 세 사람 뿐이었습니다.

궁중에 불려간 세 명의는 각자 자기만의 특유한 의술을 유감없이 발휘하여, 임금의 병치료에 온 정성을 다하였습니다.

　그 중에서도 허준의 의술은 특히 고명하였습니다.

　허준은 다른 두 명의와는 달리 조선 팔도에서 나는 국산 약초에 의거하는 요법으로, 임금의 신병을 치료하였습니다.

　그 결과, 효과가 현저하게 나타나고 나중에는 건강까지 되찾게

되었습니다.

병석에서 일어난 임금은 허준을 불러 높이 치하하고, 벼슬을 주었을 뿐 아니라 궁궐에 남아 왕궁의 내의로 남게 하였답니다.

허준은 공손히 절을 올리고 아뢰었습니다.

"상감마마의 과분한 치하에 감사하오나, 소인은 양천 허가로서, 의서를 좀 보긴 했지만 서자로 태어난 미천한 신분임을 아뢰옵니다. 그런 제가 궁에서 마마를 모신다는 것은……."

선조는 차분하게 다시 말을 이었습니다.

"나라에 유익하다면 그런 것쯤은 별 문제가 되지 않을 것이오. 부디 그대의 의술을 잘 펼쳐주시오"

이 때부터 허준은 30년을 하루와 같이 임금님을 보살피는 의원으로 있었습니다.

1593년, 초봄의 어느 날이었습니다.

선조는 허준·장작·양례수 등 6명의 의원을 불러 놓고 의서를 저술하라고 명하였습니다.

"지금 나라는 전란이 심하고, 백성들은 기아와 질병에 고생하고 있도다. 우리에게 외국의 의서와 옛날부터 전하는 약방들이 있었지만, 모두 흩어지고 또 효력이 적으니, 복잡하기만 하고 기준할 것이 못되오. 그러니, 의원들은 표준이 될 만한 의서를 저술하여 나라에 공헌할지어다."

시의장 양례수는 임금의 명을 받들었습니다.

"상감마마의 말씀은 나라의 국정에 알맞는 지당한 말씀이옵이다. 지금까지의 의서는 산간벽촌에까지 이용될 수 없는 것이어서 궁한 서민들은 약초를 산에 두고도 질병에 목숨을 잃으니, 만백성에게 모두 쓰일 수 있는 의서를 저술하여 바치겠나이다."

하지만 김응택의 생각은 달랐습니다.

"의서를 저술함은 마땅한 일이나, 소인의 어리석은 생각에는 전란이 지난 다음에 시작해도 늦지 않으리라 사려되나이다."

그러나 선조 임금은 마음을 굳혔습니다.

"전란은 이미 이순신과 각지의 의병들 힘으로 완화되기 시작했으나, 기아와 질병은 점점 더 확산되고 있으니, 의서 저술을 늦출 수는 없소. 어서 힘을 합하여 시작하시오."

그로부터 일 년이 지났습니다.

임진왜란의 재난은 나라 한복판까지 쳐들어오고, 급기야 임금님마저 의주로 피신하게 되었습니다.

그러자 시의장 양례수를 비롯하여, 김응택·이명원·정례남 등은 의서 저술을 뒤로 미루었습니다.

결국, 허준 혼자만 남아 궁중의 병을 치료해 줄 뿐 아니라, 백성들에게 유행되는 질병을 치료하기에 바삐 돌아 다녔습니다.

또한, 그 와중에서도 의서 저술을 하루도 중단하지 않고, 기타 많은 의서도 저술하여 발표하였습니다.

그가 저술한 〈언해구급방〉은, 백성들이 돈 한 푼 들이지 않고 쉽게 구할 수 있는 약초로 병을 치료할 수 있는 처방들을 모아 묶은 것으로서, 백성들에게 대단히 좋은 반응을 받았습니다.

1604년 6월, 임금님은 허준에게 양평군으로 봉하고, 계속해서 의서 저서를 명하였습니다.

　허준은 오로지 의서 저술을 위해 고향으로 내려갔습니다. 하지만 이 일은 허준에게 불리하게 돌아갔습니다.

　1608년 2월, 선조임금이 갑자기 발작한 병으로 그만 세상을 떠나게 된 것입니다.

　그러자, 허준의 반대파들은 기회를 놓칠 새라 허준을 모함하고 나섰습니다.

"상감마마의 승하는 전적으로 허준의 책임이오. 동의요, 예방이요 하면서 온갖 잡스런 약을 함부로 쓴 탓이 아니고 뭐겠소?"

모함으로 끌려 온 허준은 억울한 사실의 진상을 밝혔습니다.

"국왕의 시종의원으로 있는 내가 임금님의 승하에 전혀 책임이 없는 것은 아니지만, 약 한 첩 쓸 새도 없이 승하하셨으니, 약을 잘못 쓴 탓이 아님은 명백한 일이오. 또한 동의요, 예방이요 함은 상감마마의 분부셨습니다. 그대들도 찬성한 바 있는 것을, 어찌 잡스런 약이라고 쉽게 말할 수 있단 말이오?"

그 해 3월, 허준은 끝내 임금의 승하에 대한 책임을 물어 형벌을 받고 깊은 산골로 귀양을 가게 되었습니다.

자유를 잃은 허준은, 귀양살이를 하는 동안 누명의 괴로움을 이겨가며 의서 저술에 정진하였습니다.

허준이 다시 시의원으로 돌아온 건, 선조의 아들이며 조선의 16대 임금인 광해군 2년, 1610년이었습니다.

"허준은, 어릴 때부터 나의 병을 치료해 준 생명의 은인이오.

또한 선조임금이신 부왕의 승하에도 아무런 책임이 없으니, 죄를 면하고 다시 시의원으로 모실 지어다.”

허준이 귀양살이를 마치고, 시종의원으로 돌아올 즈음에는 그의 의서 저술이 마무리 단계에 이르고 있었습니다.

그 해 8월 6일, 15년 간의 갖은 고난과 역경 속에서 이룩한 〈동

▲ 허준 영정

의보감〉 25권을 광해군께 바쳤습니다.

"부왕의 생전에 완성하지 못하고 이제야 끝내니, 송구하옵니다."

광해군은 오히려 허준을 격려해주었습니다.

"그대는 일찍이 부왕 때부터 의서 편찬을 시작하여, 귀양을 가 있는 동안에도 그 저술을 중단하지 않고 이런 완성을 보았으니, 그 공적 또한 자못 크오. 나는 이 〈동의보감〉을 내의원 사무국에 설치하여, 의술에 기본이 되게 하며 또 온나라 백성이 이것으로 하여 병에서 벗어나게 하리오!"

그로부터 3년이 지난 1613년 11월, 〈동의보감〉은 온 나라 안에 선보여졌습니다.

그날, 광해군은 여러 신하들을 모아 놓고, 허준의 공적을 칭송하였습니다.

"허준은 나라의 보배이며, 의서 〈동의보감〉은 백성들의 생명이로다. 허준에게는 내가 알고 있는 한 가지 소원이 있는데, 그것은 그가 서자로 태어난 설움을 벗겨 달라는 것이었소.

짐은 나라에 큰 공을 세운 그의 소원을 들어, 특별히 양천 허씨에 대해서 만큼은 영원히 적서의 차별을 두지 않기로 하리다. 이것은 국명으로 삼아 나라에 널리 알리리라!"

이로부터 조선에서는 몇 백년을 내려오면서 양천 허씨만은 적자와 서자의 차별이 없었다고 합니다.

〈동의보감〉 서문에 의하면,

'이 책은 25권으로 구성되었는데, 각 약재에는 지방명칭과 산지, 그리고 채집하는 시기와 약을 짓는 방법을 써 놓았으므로, 쉽게 얻어 쓰게 될 것이다.' 라고 밝혔습니다.

〈동의보감〉은 당시 조선 의학의 집대성으로서, 비단 조선의 국보였을 뿐만이 아니라 널리 중국, 일본에까지 전해져 여러 차례 간행되었습니다.

허준은 〈동의보감〉이 나온 지 5년 만인 1615년 8월 13일, 70세의 일기로 그의 평생 유산인 〈동의보감〉을 어루만지다가 고요히 잠들었답니다.

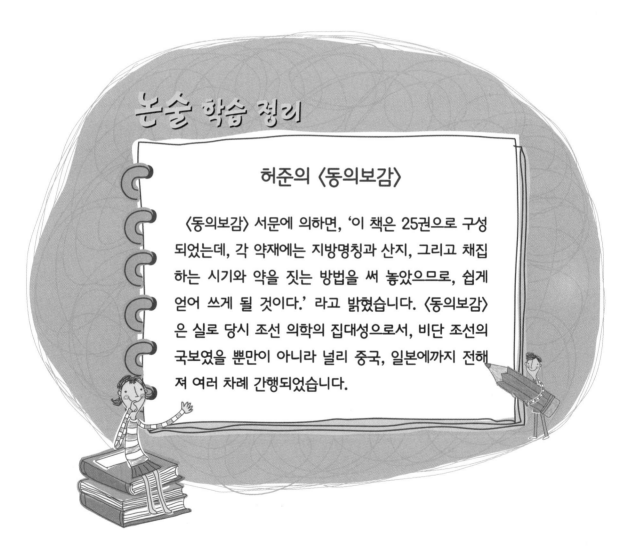

논술 학습 정리

허준의 〈동의보감〉

〈동의보감〉서문에 의하면, '이 책은 25권으로 구성되었는데, 각 약재에는 지방명칭과 산지, 그리고 채집하는 시기와 약을 짓는 방법을 써 놓았으므로, 쉽게 얻어 쓰게 될 것이다.' 라고 밝혔습니다. 〈동의보감〉은 실로 당시 조선 의학의 집대성으로서, 비단 조선의 국보였을 뿐만이 아니라 널리 중국, 일본에까지 전해져 여러 차례 간행되었습니다.

논술 보충 학습 자료

1 허준은 왜 귀양을 가게 되었을까?

선조임금을 모시고 있는 어의로서, 임금이 승하하자 어의로서 임금을 살리지 못한 책임을 면할 수 없었다. 또한 당시 양반 출신이 아닌 허준이 임금의 총애를 받는 것에 시기를 한 관리들의 모함도 허준이 귀양을 가는데 보탬이 되었다.

2 허준이 동의보감을 만들게 된 까닭은?

병을 알고 그 고치는 약을 알면 많은 백성들이 건강하게 살 수 있는데, 당시는 너무 어려운 옛날 의학서들 뿐이고 제대로 정리가 되지 않았다.
허준은 많은 백성들의 건강을 위하여 의서저술을 결심했고, 우리 나라에 맞는 약재와 각 지방에서 얻을 수 있는 약재들을 손쉽게 쓸 수 있도록 하기 위함이었다.

③ 허준의 〈동의보감〉은 어떤 책인가?

1610년에 완성된 동의보감은 15년 간 준비하여 총 25권으로 구성되었다. 그 안에는 각 약재의 지방명칭과 산지, 그리고 채집하는 시기와 약을 짓는 방법을 써 놓았다. 〈동의보감〉은 당시 조선 의학의 집대성으로서, 조선의 국보였을 뿐만이 아니라 널리 중국, 일본에까지 전해져 여러 차례 간행되었다.

④ 허준을 읽고 느낀 점은?

세상에서 가장 중요한 것은 인간이고, 그 인간의 생명은 소중하다는 것이다. 허준은 높은 벼슬에까지 올랐지만 권력과 부귀에 대한 욕심을 버리고, 오직 백성이 잘 살 수 있도록 의술을 펼쳤으며, 〈동의보감〉이라는 의서를 발간하여 자손 대대로 건강한 삶을 누릴 수 있게 하였다.

우리의 글 한글을 창제하신 임금

세종대왕

세종이 누구예요?

- ❀ 이름 : 이도
- ❀ 특징 : 조선의 제4대 왕
- ❀ 출생과 사망 : 1397(태조 6)~1450(세종 32)
- ❀ 자 : 원정(元正)
- ❀ 호 : 장헌(莊憲)
- ❀ 출신 : 태종의 세째 아들, 원경왕후 소생으로 1408년에 충녕군으로 봉군되고, 12년에 충녕대군, 1418년(태종 18)에 형 양녕대군 대신 왕세자에 책봉되었다. 그해 8월 22일에 태종의 양위를 받아 등극하였다.
- ❀ 저서 : 〈월인천강지곡〉〈용비어천가〉〈농사직설〉〈삼강행실도〉 〈팔도지리지〉 등 학자들을 지도해서 많은 책을 펴냄

세종대왕은 이런 사람이야!

　세종의 아버지 태종이 즉위한 지 얼마 안 되었을 때입니다.

　나라에서는 타는 듯한 가뭄이 들어 논과 밭은 물론 강물까지 메말라 갈라졌습니다.

　그러자 태종은 온 나라 안에 금주령을 내렸고, 몰래 술을 만들어 먹는 백성들은 형벌에 처한다는 명을 내렸습니다. 옛부터 나랏님의 덕이 없으면, 날이 가문다는 옛말을 잘 알고 있던 태종은 몹시 초조해졌습니다.

　하루는 우울한 기분을 참다못한 태종이 술상을 차릴 것을 명하였습니다. 신하들은 임금의 눈치만 보면서 무거운 침묵이 흐르는 가운데 태종은 꿀꺽꿀꺽 술을 마셨습니다.

　"아바마마!"

침묵을 깬 그 목소리의 주인공은 세째아들 충녕대군이었습니다.

"아바마마, 지금 드시고 계신 것이 무엇이옵니까?"

태종은 머쓱해진 얼굴로 대답했습니다.

"잣술이로다."

"잣술은 술이 아니옵니까?"

"… 잣술도 술은 술이지……."

"백성들에게는 금주령을 내리시고 나라의 어버이가 술을 마셔도 되는 건지요?"

"………"

태종은 어린 아들 앞이었지만, 몹시 부끄러워 새빨개진 얼굴을 떨어뜨렸습니다. 그리고 그 후로는 절대 술을 마시지 않았습니다.

충녕대군이 일곱 살이 되던 해였습니다.

태종은, 역사책을 공부하고 있는 큰아들 양녕대군과 세째 충녕대군을 돌아보았습니다.

은근히 호기심이 들어서 태종이 양녕에게 물었습니다.

"이 아버지가 나이 마흔이 넘었지만, 아직도 밤낮으로 공부를 하는 까닭을 알겠느냐?"

양녕은 고개를 숙이고 아무 말이 없었습니다.

답답해진 태종은 충녕에게 다시 물었습니다.

충녕대군은 아버지의 물음이 떨어지자마자 또박또박 대답하였습니다.

"임금은 나라를 다스리는 분이옵니다. 나라를 다스리려면 많이 아셔야 하니, 당연히 공부를 계속하여야 할 것이옵니다."

태종은 충녕의 대답에 기분이 좋아졌다가, 다시 갑갑했습니다.

'양녕이 충녕처럼 총명하고 지혜롭다면 얼마나 좋을까, 장차 세자로 책봉될 터인데…….'

이듬 해인 1404년 8월, 양녕대군은 11살의 나이로 왕세자로 책봉이 되었습니다.

태종의 마음에는 충녕의 자질을 높이 샀지만, 맏아들에게 보위를 물려주는 법도를 지키고 싶었습니다. 그러나 양녕은 세자로 오래 있지는 못했습니다.

양녕은 왕자의 난과 같이, 피를 흘리며 임금에 오르는 당시 현실을 잘 알고 있었습니다. 그리고 그런 여러 사건들을 보며 정치에 대해 몸서리를 쳤습니다. 그래서 그는 사냥을 다니며 공부에는 신경쓰지 않고, 궐 밖으로 나가 소란을 피우는 일이 많았습니다.

"양녕대군 때문에 걱정이구려. 그런데 충녕대군은 왜 이리 보이지 않는고?"

태종은 그런 양녕의 행동거지를 들으면서, 몹시 걱정하였습니다. 그리고 며칠째 보이지 않는 충녕을 찾았습니다.

"말씀드리기 송구하오나, 충녕대군께서는 벌써 나흘째 밤을 새워 책을 읽고 있나이다. 그러다가 병이라도 나실까 염려되나이다."

태종은 순간 마음의 결정을 내렸습니다.

이윽고 1418년(태종 18) 6월, 태종은 어명을 내렸습니다.

"세자 양녕을 폐하고, 충녕대군을 새롭게 세자로 책봉하노라!"

이 어명은, 맏아들을 두고 동생을 세자로 책봉하는 것에 대한 반대도 많았지만, 태종은 흔들리지 않았습니다.

결국 양녕대군은, 하인 몇을 거느리고 경기도 광주땅으로 떠나게 되었습니다.

'내가 모자란 탓이야. 차라리 잘 된 일이지. 충녕은 나보다 총명하고 학식도 높으니, 나라를 다스려도 잘 할 거야.'

양녕대군은 스스로를 위로하며 동생 충녕대군을 칭찬하였습니다.

태종 또한 양녕의 폐위를 가슴 아프게 생각하며, 양녕과 충녕을 불러 당부하였습니다.

"양녕, 네가 충녕에게 무슨 죄를 지었겠느냐. 부득이 세째 충녕에게 나라를 맡기려 하는 이 아비의 뜻을, 네가 부디 헤아려 주리라 믿는다. 또한 폐위를 하였다 하여 네게 해가 가는 일은 없을 것인즉, 아무 걱정없이 마음 편하게 지내도록 해라. 그리고 충녕은 세자가 되었으니, 더 열심히 공부하고, 양녕 형님에 대한 존경심과 형제간의 우애를 절대 잃지 않도록 하여라."

"명심하겠사옵니다, 마마."

이 충녕대군이 바로 세종대왕입니다.

세종은 스스로 학문을 즐겨 밤새워 책을 읽었고, 임금이 된 후에도 항상 겸손하게 효도와 학문에 정진하였답니다.

특히, '집현전' 이라는 기관을 두어 실력있는 학자들을 모아 학문을 탐구하고, 정치에 관한 연구를 하게 하였고, 임금의 자문기관으로 그 역할을 다하게 하였답니다.

어느 겨울 날이었습니다.

밤 늦게까지 책을 읽고 있던 세종은 추운 날씨에 문득 집현전에서 숙직을 하는 학자들이 걱정이 되었습니다.

"여봐라, 집현전에 가서 학자들이 어떻게 하고 있는지 가 보아라!"

세종의 명을 받은 시종이 집현전에 다녀오더니,

"마마, 신숙주 학자가 글을 읽고 계십니다." 하고 아뢰었습니다.

"허허, 나도 신숙주 학자가 잠들기 전까지 책을 읽어야겠다!"

▲ 세종대왕 어진

흐뭇한 세종은, 집현전 학자들이 학문을 연구하는 것을 보면서 종종 이렇게 밤을 꼬박 새워가며 책을 읽었습니다. 학자들이 밤새 힘들게 학문 연구를 하는데, 임금으로서 그냥 잠을 잘 수 없다는 생각에서였습니다.

새벽이 되자, 세종은 친히 집현전에 나섰습니다.

집현전에는 신숙주가 책을 읽다가 엎드려 잠들어 있었습니다.

"추운데 고생이 많구나!"

신숙주가 깰까봐 작은 소리로 중얼거리던 세종은, 입고 있던 '어의(임금이 입는 옷)'를 벗어서 신숙주 어깨 위에 덮어주고 조

용히 집현전을 나왔습니다.

곤한 잠에서 깨어난 신숙주는 몸에 덮혀 있는 옷을 보고는 깜짝 놀랐습니다.

"아니! 이건 상감마마의 어의가 아닌가!"

신숙주는 눈시울이 뜨거워졌습니다.

그 뒤, 그는 나라를 위하고 학문 연구에 더욱 힘쓰며, 임금을 받들어 모시는 데에 정성을 아끼지 않았습니다.

세종은 백성을 위해, 여러 분야에 힘을 기울였으나 가장 큰 걱정은 따로 있었습니다.

'아, 답답한 일이다! 백성들은 법이 어떤 것인지도 모르고, 또 그렇기 때문에 죄를 짓는 것도 모르고 있으니…. 다 배우지 못한 탓이니라. 그러나 그들은 배우려고 해도 글을 깨우칠 여유가 없다. 어려운 한문을 배우는 데는 많은 시간이 필요한데, 농사일을 내던지고 한문을 배울 수도 없고. 백성들이 쉽게 익혀 쓰고 읽는 글이 있었으면 좋으련만……'

세종은 집현전 학자인 정인지·성삼문·신숙주·최항·박팽년·이개·박문수 등의 뛰어난 학자들에게 그 뜻을 전하고, 쉽게 배울 수 있는 글을 연구하라고 명하였습니다.

"마마, 훌륭한 한문이 있는데 무슨 글자를 만드신다는 건지요? 게다가 평생을 걸려도 만들기 힘든 글자를 급하게 만들라시니 참으로 어렵사옵니다."

학자들은 난감한 얼굴을 하였습니다.

"한자는 글자 하나 하나에 뜻을 담고 있소. 그러나 우리 말은, 소리나는 대로 적을 수 있는 글자를 만들어 보시오. 이미 우리가 쓰고 있는 말들이니, 뜻은 다 통하게 될 것인즉, 쉽게 쓰고 읽을 수 있는 것이 가장 중요하오. 그러니 소리를 따라 만들어 보오."

세종의 명에 따라 학자들은 소리나는 대로 글자를 적는 연구를 시작했습니다.

중국에서 들어온 한자, 불경을 통하여 들어온 범자, 몽고를 통해 들어온 파스파 문자, 대식 글자, 서하 글자 등 여러 가지 글자의 자료를 모아 연구에 몰두하였습니다.

그러나 다른 나라의 글자들은 다만 참고가 될 뿐이지, 한글을 만드는 데 큰 힘이 되지는 못했습니다.

집현전 학자들과 세종 또한, 그것이 가장 큰 걱정이었습니다.

한글의 글자 모양을 연구할 때, 다음과 같은 일이 있었다고 합니다.

'독특하고 쓰기 쉬우며 배우기 쉬운 글자?'

학자들은 이런 말을 주문 외듯이 머릿속에 담고 다녔습니다.

"뭔가 참고가 될 만한 것을 찾았나?"

"글쎄, 선뜻 마음에 내키는 것이 없네."

"잠깐! 저 문을 한번 보게!"

집현전 학자들은 창호지가 붙어 있는 문을 바라보았습니다.

"저 문살은 어떻겠나? 자, 보라구!"

가로 세로 가로 세로…, 문살을 따라 그려보니, 참으로 여러 형태가 그려졌습니다.

그들은 문살에 따라, ㄱ·ㄴ·ㄷ·ㄹ·ㅁ·ㅂ 그리고 문고리의 동그란 모양 ㅇ까지 그렸다고 합니다.

하지만 한글이 이처럼 문살에서 나왔다는 것은, 재미있게 전해지는 이야기이고, 사실은 아주 과학적인 이치가 있습니다.

한글은, 사람이 말할 때 혀의 움직임을 연구하고, 그 혀가 움직이는 모양과 이빨이 물리는 모양 등을 모양으로 그려보고 그것을 간단하게 써보아 글자로 만든 것입니다.

또 기본적인 글자에 획을 더하거나 점을 찍어 소리가 강한 것을 표시하였습니다.

이때가 세종 25년(1443) 12월이었습니다.

세종은 한글을 가리켜, '백성을 깨우치는 바른 글'이라는 뜻으로 '훈민정음'이라는 이름을 달았습니다.

그러나 이 훈민정음은, 한문을 고집하던 여러 학자나 벼슬아치들의 반대가 많았습니다.

특히, 집현전의 부제학 최만리는 훈민정음이 제정된 다음 해에 상소문을 올려, 훈민정음 사용을 극구 반대하였습니다. 그를 비롯한 반대파들은, 한문은 참다운 글이라는 뜻의 '진서', 훈민정음은 거짓글이라는 뜻의 '언문'이라는 이름을 붙

▲ 훈민정음 머리말 부분

여, 훈민정음을 몹시 업신여겼습니다.

"'훈민정음'은 본디, 그 구성과 원리가 모두 새로운 것이오. 다만, 백성이 쉽게 글을 쓰고 읽게 하기 위함이거늘, 어찌 그렇게 반대를 하시오?"

세종은 반대하는 신하들에게 따끔하고 엄중하게 일렀습니다.

그후에도 세종은 반대하는 신하들과 대립하면서도, 대궐 안에 언문청과 정음청을 두어 훈민정음을 더 연구하는 한편, 한문으로 된 책을 훈민정음으로 옮겨, 그 글자의 음과 뜻을 알 수 있게 하였습니다.

훈민정음은 만들어진 지 3년 만인 세종 26년, (1446) 음력 9월 3일(양력 10월 9일)에 드디어 온 나라에 반포되었습니다.

훈민정음 머리말에는, 다음과 같이 세종의 백성을 사랑하는 마음이 담겨져 있습니다.

"나랏말이 중국과 달라서 글자와 뜻이 서로 맞지 않으니, 우리 백성들은 하고 싶은 말이 있어도, 그 뜻을 제대로 나타내지 못하는 일이 많다. 내 이것을 안타까이 여겨, 새로 스물 여덟 자를 만들었으니, 사람마다 서로 쉽게 배워서, 편하게 쓰기 위함이니라."

그렇게 훈민정음이 반포되었지만, 조정의 학자나 벼슬에 있는 사람들은 모두 훈민정음을 무시하였습니다. 그런데 훈민정음을 업신여기기는 백성들도 마찬가지였습니다.

"우리가 글을 배우기는 좋지만, 한문에 비하면 아무 것도 아니래. 한자야 몇 십만 자나 된다는데 스물 여덟 자로 뭘 하겠다는 거야."

이런 여론을 듣게 된 세종은 집현전에 명하여, 훈민정음 창제 원리와 배경을 자세히 수록한 〈동국정운〉을 만들어, 훈민정음의 가치에 대해서 널리 알렸습니다.

이후 조정에서의 모든 공공문서는 훈민정음인 한글로 표기하게 하였고, 과거 시험에도 훈민정음 과목을 신설하였습니다. 그러자 한글을 천시하고 한문만 고집하던 선비들도, 하는 수 없이 훈민정음을 배워야만 했습니다.

후에 집현전에서는, 〈용비어천가〉 〈석보상절〉 〈월인천강지곡〉 등을 한글로 발간하여 여러 백성들이 읽을 수 있게 하였고, 그것은 지금의 한글 발전에 큰 도움이 되었답니다.

논술 학습 정리

백성을 사랑한 세종대왕

세종 때가 역사·문화·정치·경제 등 우리 민족의 역사상 가장 빛나는 시대가 될 수 있었던 것은, 안정된 정치 속에 임금을 보필한 훌륭한 신하와 학자가 있었음을 빼놓을 수 없는 일입니다.

또한 이들의 보필을 받을 수 있었던 것은, 진정으로 백성을 사랑하고, 백성과 나라를 위해서 임금이 할 수 있는 모든 것을 다해 노력하는 임금의 인물됨이 바탕으로 있었기 때문입니다.

1 세종대왕이 훈민정음을 만들게 된 까닭은?

배우지 못한 백성들은 법을 모르기 때문에 죄를 지어도 죄인 지 모르는 것을 안타깝게 생각했다. 또 백성들이 배우려고 해도 글을 깨우칠 여유가 없고, 어려운 한문을 배우는 데는 많은 시간이 필요했다. 그래서 백성들이 쉽게 익히며 간편하 게 쓰고 읽는 글을 만든 것이다.

2 신하들이 훈민정음을 어떻게 반대하였나?

오랫동안 한문에 익숙해졌던 신하들은, 한문은 참다운 글이 라는 뜻의 '진서(眞書)', 훈민정음을 '언문(諺文)'이라 칭하 며, 업신여겼고, 그것을 나라의 말로 한다는 것을 수치스럽 게 생각하였다.

3 세종 때에 만들어진 다른 것들에는 어떤 것들이 있나?

- 천체 관측을 위한 〈간의대〉와 〈천구의〉
- 해시계 〈앙부일구〉〈현주일구〉〈천평일구〉〈정남일구〉
- 물시계 〈자격루〉와 〈옥루〉, 비의 양을 재는 〈측우기〉
- 저서에는, 유교적 예절을 정리한 〈오례〉와 〈사례〉
- 의학 서적인 〈향약집성방〉〈의방유취〉
- 농업기술 서적인 〈농사직설〉,
- 우리 나라 지리책인 〈팔도지리지〉
- 석가모니의 공덕을 찬양한 〈월인천강지곡〉
- 충신과 효자, 열녀를 기록한 도덕서 〈삼강행실도〉 등

4 세종대왕을 읽고 세종의 인물 됨됨이에 대해 정리해 보자.

어릴 적부터 책읽기를 좋아했고, 임금이 되어서도 임금의 도리를 지키기 위해 늘 노력하였다. 또 신하들에게는 본보기가 되고, 백성들을 위해 해야 할 일을 찾아 임금 스스로 앞장섰다.

나라의 독립을 위해 몸바친

유관순

유관순이 누구예요?

❀ 이름 : 유관순 (柳寬順)

❀ 특징 : 삼일독립운동 때의 순국 처녀

❀ 출생과 사망 : 1904(광무 8)~1920

❀ 출신 : 충남 천안 출생으로 유중권의 딸이다. 예수교 공주 교회 선교
　　　　사의 주선으로 이화학당에 입학하였다. 총명하고 의지가 굳어
　　　　어린 나이에도 겨레의 앞날을 걱정하여 독립운동에 나서서 뛰
　　　　어들었다.　옥중에서 옥사한 후 1962년 3월 1일, 대한민국 건
　　　　국공로훈장 단장을 받았다.

유관순은 이런 사람이야!

1919년 1월 22일, 이화학당 기숙사에 있던 유관순은 기숙사 뒤쪽 언덕으로 산책을 나갔습니다.

그곳은 당시 임금인 고종황제가 생활하고 있던 덕수궁이 보이는 곳이었는데, 유난히 사람들이 많고 시끄러워 보였습니다.

'무슨 일이 있나? 왜 저렇게 바쁘게 움직이는 거야? 뭔가 이상한데……'

유관순은 문득 불길한 예감이 들었습니다.

이튿날, 교회로 예배를 보러 가던 유관순은 호외를 받아 보았습니다.

호외는 나라에 특별한 일이 있을 때 임시로 만드는 신문인데, 거기에는 다음과 같은 기사가 크게 실려 있었습니다.

고종황제, 뇌일혈로 승하하다!

'아니, 그 동안 덕수궁에서 일본 관리들에게 갇혀 지내시던 고종황제께서?'

교회에 갔을 때 이미 교회는 아수라장이었습니다.

"분명해, 고종황제는 쓰러지신 게 아니라 왜놈들에게 독살당하신 거야."

'나쁜 놈들! 우리 나라를 집어 삼키더니, 이제는 고종황제까지…. 대체 어쩌려는 거야?'

고종황제가 돌아가셨다는 소식이 전해지자, 백성들은 땅을 치며 분노하였습니다.

16살의 어린 유관순의 가슴에도 뜨거운 울분이 끓어올랐습니다.

그날 밤 기숙사 방에서는 여럿이 군데 군데 모여 심각한 토론을 벌였습니다.

"어른들이 모여 독립운동을 벌이기로 했대."

"독립운동?"

"그래, 왜놈에게 빼앗긴 우리 나라의 주권을 다시 찾자는 운동이지."

"우리도 가만 있을 순 없어! 우리 학생들도 나라를 위해서 뭔가를 해야 한다고!"

그 무렵, 손병희를 비롯한 33인은 독립선언서를 발표하고 3월

1일의 만세운동을 준비하고 있을 때였습니다.

유관순은 평소에 가깝게 지내던 김희자, 국현숙, 유점선, 김분옥, 서명학 등 6명이 모여 결사대를 만들었습니다.

그들은 태극기를 만들어 마을 사람들에게 나눠주고, 기숙사 뒷담을 넘어다니며 기습적으로 '대한 독립 만세'를 불렀습니다.

이런 학생들의 만세운동 규모가 점점 커지고, 전국적으로 확산이 되자, 조선총독부는 각 학교에 임시 휴교령을 내렸습니다.

어쩔 수 없이 고향에 내려온 유관순은, 동네 사람들을 모아놓고 설득하였습니다.

"지금 나라는 왜놈들에게 빼앗긴 주권을 되찾기 위해 온 겨레가 목숨을 바쳐 독립만세를 부르고 있습니다. 우리도 분명 조선 사람입니다. 우리라고 가만히 있을 수는 없습니다.

지금이야말로 용감하게 나서야 할 때입니다!"

"옳소! 우리도 나서야 한다구요!"

1919년 3월 1일.

그 날은 아오내 장터의 장날이었습니다.

유관순은 아버지 유중권과 어머니, 그리고 마을 사람들을 이끌고 아오내 장터로 갔습니다.

그들은 전날 밤새도록 그린 태극기를 장터로 모이는 사람들에게 나누어 주었습니다.

유관순은 장터 한쪽에 높이 쌓인 쌀가마 위에 올라가 큰소리로 외쳤습니다.

"우리의 땅은 우리가 지킵시다. 저 왜놈들을 몰아내는 겁니다! 이제 우린 독립입니다. 대한 독립 만세!"

유관순이 먼저 외친 만세 소리를 신호로 수천 명의 군중들은 태극기를 힘차게 꺼내들며,

"대한 독립 만세!"

하고 목이 터져라 외쳤습니다.

아오내 장터는 대한민국 만세 소리가 가득했고, 하늘과 땅이 흔들릴 정도였습니다.

뜻밖의 사태에 어쩔 줄 모르는 일본 헌병들은 거센 파도처럼 밀려오는 태극기의 물결에 사정없이 총칼을 휘둘렀습니다.

이 때 유관순의 아버지, 어머니도 헌병들이 쏘아대는 총에 쓰러졌습니다.

아오내 장터는 순식간에 피바다가 되어 버린 것입니다.

일본 헌병들은 이 운동의 주모자를 찾느라고 온 마을을 뒤지고 다녔습니다.

유관순은 잠시 몸을 숨기고 있다가 집으로 돌아갔는데, 이미 집에서 대기하고 있던 일본 헌병들에게 체포되어 천안 헌병대 본부로 보내졌습니다. 유관순은 모진 고문에도 굴하지 않고 꿋꿋하게 행동했습니다.

"나는 나라를 지키기 위해 독립을 부른 것이오. 당신들은 나를 신문할 자격이 없소. 여긴 당신네 일본 땅이 아니라 바로 조선, 조선땅이란 말이오!"

그리고 유관순은 큰소리로 다시 외쳤습니다.

"대한 독립 만세!"

결국 처음에 3년의 징역형을 받은 유관순은 법정에서 '대한독립 만세!'를 불러 징역이 7년으로 늘었는가 하면, 옥 속에서도 계속 '대한 독립 만세'를 부르다가 1920년 일본 헌병의 칼에 맞아 쓰러지고 말았답니다.

그 때가 유관순의 나이 17살로, 아주 어린 나이에 순국한 것입니다.

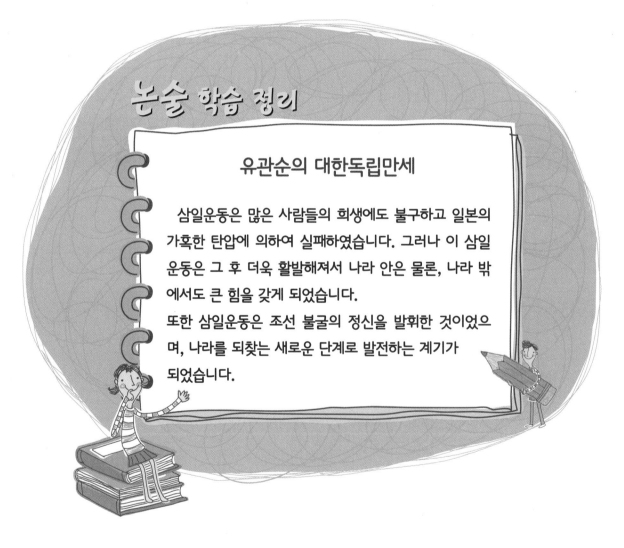

논술 학습 정리

유관순의 대한독립만세

삼일운동은 많은 사람들의 희생에도 불구하고 일본의 가혹한 탄압에 의하여 실패하였습니다. 그러나 이 삼일운동은 그 후 더욱 활발해져서 나라 안은 물론, 나라 밖에서도 큰 힘을 갖게 되었습니다.

또한 삼일운동은 조선 불굴의 정신을 발휘한 것이었으며, 나라를 되찾는 새로운 단계로 발전하는 계기가 되었습니다.

논술 보충 학습 자료

1 유관순은 어떤 시대에 살았나?

1904(광무 8)~1920년으로, 조선이 일본과 강제적인 '을사 보호조약'을 맺어 실질적인 지배권을 빼앗기고, 일본이 조선을 장악했던 시대.

2 유관순이 독립운동을 결심하게 된 동기는?

1919년 1월 22일, 이화학당 기숙사에 있던 유관순이 조선의 고종황제가 승하했다는 소식을 들었다. 유관순은 일본이 나라를 지배하고 임금마저 의문의 죽음을 당하자, 나라를 구하기 위한 주권 독립투쟁을 결심하게 되었다.

3 독립운동을 하기 위한 준비로는 어떤 것이 있었나?

평소에 가깝게 지내던 김희자 · 국현숙 · 유점선 · 김분옥 · 서명학 등 6명이 모여 결사대를 만들고, 태극기를 만들어 사람들에게 나눠주고, 기숙사 뒷담을 넘어다니며 만세를 불렀다. 그리고 고향 아오내 장터에서 대대적인 삼일독립운동을 거행하였다.

4 삼일운동에 대해서 설명해 보자.

1918년에 끝난 세계 제1차 대전 후, 민족 자결주의에 입각하여 일제로부터의 해방과 민족의 독립을 외친 일이다. 손병희 등 33인이 주동이 되어 1919년 3월 1일에 독립 선언문을 낭독하고 민족의 자주 독립을 선언한 것이다.

'민족 자결주의' 란, 한 민족이 자신의 정치 조직이나 민족의 운명을 스스로 선택하고 결정하는 일을 말한다.

다시 말해서 일본에 의한 것이 아니라, 우리 나라 한민족 스스로 나라를 결정하겠다는 당연한 주장이고, 권리인 것이다.

일제를 향해 폭탄을 던진 독립투사

윤봉길

윤봉길이 누구예요?

- ❀ 이름 : 윤봉길 (尹奉吉)
- ❀ 특징 : 독립운동가 · 의사(義士)
- ❀ 출생과 사망 : 1908 (융희 2) ~ 1932
- ❀ 본관 : 파평 (坡平)
- ❀ 본명 : 우의(禹儀)
- ❀ 호 : 매헌(梅軒)
- ❀ 출신 : 충청남도 예산 출신. 아버지는 윤 황(璜)이며, 어머니는 경주 김씨로 원상이다. 1918년 덕산보통학교에 입학하였으나 이듬 해에 삼일운동이 일어나자 이에 자극받아 식민지 노예교육에 서 벗어나고자 학교를 자퇴하였다.

윤봉길은 이런 사람이야!

윤봉길의 나이 열 살, 나라에는 일본의 지배에서 벗어나고 우리 나라의 독립을 바라는 많은 백성들이 태극기를 들고 모두 거리로 나왔습니다. 대한 독립 만세를 외치고 나라의 독립을 선언했던 삼일운동이 일어난 것입니다.

당시 덕산보통학교 2학년이었던 윤봉길에게, 그 삼일운동은 매우 큰 감동을 주었습니다.

"우리 나라 백성들이 일본의 지배에서 벗어나기 위해 저렇게 독립을 외치는데, 나는 지금 일본인 선생 밑에서 일본말을 배우고 있다니. 있을 수 없는 일이야!"

그는 어린 나이였지만, 일본에 의한 노예교육을 받고 있다는 것을 깨닫고 학교를 자퇴하였습니다.

그리고 최병대 선생님 밑에서, 동생 성의와 함께 한학을 공부하기 시작하여, 1921년 사서삼경 등 중국 고전을 두루 익혔습니다.

그러는 동안 그의 마음 속에는 일본을 우리 나라에서 쫓고, 그들에게 지배되지 않기 위해서는 우리 나라 백성들을 깨우치는 것이 제일이라고 생각하였습니다.

1926년 18살이 된 윤봉길은 농민들을 모아 한글을 가르치고 책을 읽히게 하는 등 농촌 살리기에 앞장섰습니다.

다음해에는 이를 더욱 이론적으로 뒷받침하기 위하여 〈농민독

▲ 윤봉길 의사

본〉을 저술하고, 야학회를 조직하여 시골의 불우한 청소년들을 가르쳤습니다.

윤봉길은 1929년 '부흥원'을 설립하고 농촌살리기운동을 본격적으로 벌였으며, 그해 2월 18일 부흥원에서 학예회도 열어 촌극 〈토끼와 여우〉를 공연하여 대성황리에 마치게 되었습니다. 〈토끼와 여우〉는 우리 나라와 일본을 토끼와 여우로 비유한 것이어서, 윤봉길은 일제의 눈총을 받기 시작했습니다.

그러나 그는 거기에 구애받지 않았습니다.

한편, '수암체육회'를 조직하여 '건강한 신체 위에 독립정신'을 강조하였습니다. 그것은 독립을 하기 위해 무엇보다 우리 민족의 건강이 중요하다는 것을 가르쳐 주는 것이었습니다.

1930년 윤봉길은, "장부가 집을 나가 살아서 돌아오지 않겠다."라는 편지를 남긴 채 3월 6일 만주로 망명하였습니다.

　1931년 8월, 나라의 독립을 위해 보다 큰일을 하고 싶었던 윤봉길은 대한민국임시정부가 있는 상해로 거처를 옮겼습니다. 그러던 중 독립운동가로 이름난 김구를 만난 것입니다.

　"김구 선생님, 만나서 정말 영광입니다. 저는 우리 나라 독립을 위해서는 무엇이든 할 각오가 되어 있습니다."

　김구는 윤봉길의 손을 잡았습니다.

　1932년 상해는 어수선한 상황이었습니다. 중국에서 일본인 승려가 살해되는 사건이 일어났는데, 그 일을 계기로 일본이 상해로 쳐들어와 전쟁을 벌이게 된 것입니다.

　그 전쟁에서는 일본이 승리하였습니다.

　그러자 일본은 4월 29일 일본왕의 생일과 중국과의 전쟁이 승리로 끝난 것을 축하하기 위하여 '홍커우 공원'에서 성대한 기념회를 준비하고 있었습니다.

　그런 정보를 미리 알아낸 윤봉길은 4월 26일 한인애국단에 입단하였습니다. 그리고 김구와 함께 의논하여 4월 29일 상해 홍커우 공원에서 열리는 기념식에 폭탄을 던질 것을 결정하였습니다.

1932년 4월 29일 아침, 윤봉길은 김구와 아침식사를 했습니다.

"선생님, 선생님 시계보다는 이게 조금 더 좋으니 바꿔 차시지요. 어차피 전 시계가 필요없을 테니까요."

윤봉길은 평소 가지고 다니던 자신의 시계를 내놓았습니다.

"오늘 자네의 의로운 행동은 우리 나라 독립의 밑거름이 될 걸세."

그날 윤봉길은 말끔한 양복을 차려입고, 폭탄이 숨겨져 있는 도시락을 들고 기념식장에 들어갔습니다.

식장은 일본 고위급 인사들이 많이 모여 축제 분위기였습니다. 단상 가까이에 간 윤봉길은 김구와 바꾼 시계를 들여다 보았습니다.

오전 11시 35분이었습니다.

"그래, 지금이야!"

윤봉길은 일본의 침략자들이 몰려있는 단상을 향해 있는 힘을 다해 폭탄을 던졌습니다.

'콰쾅~!'

순간 홍커우 공원은 아수라장이 되면서, 일본의 최고 사령관 몇이 죽고, 또 수십여 명이 중상에 빠졌습니다.

윤봉길은 몸을 피하지도 않고 그 자리에서 '대한 독립 만세'를

큰 소리로 외치다가 일본 경찰에 체포되고 12월 19일 총살형으로 세상을 떠났습니다.

윤봉길의 의로운 행동은, 우리 나라 독립에 대한 의지와 용기를 잘 보여준 것이었습니다.

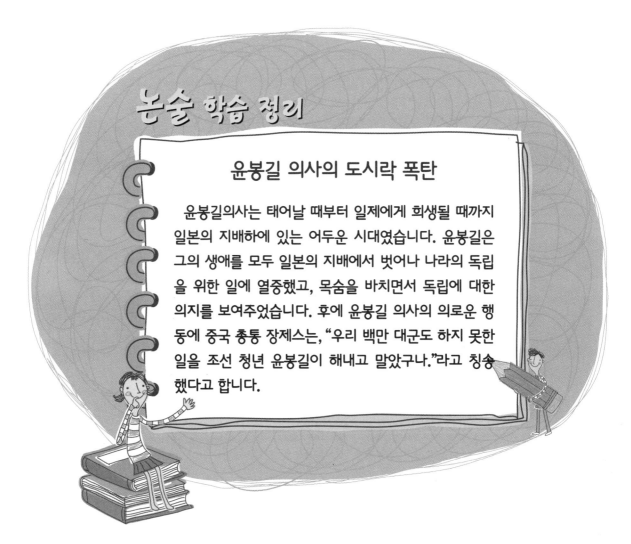

논술 학습 정리

윤봉길 의사의 도시락 폭탄

윤봉길의사는 태어날 때부터 일제에게 희생될 때까지 일본의 지배하에 있는 어두운 시대였습니다. 윤봉길은 그의 생애를 모두 일본의 지배에서 벗어나 나라의 독립을 위한 일에 열중했고, 목숨을 바치면서 독립에 대한 의지를 보여주었습니다. 후에 윤봉길 의사의 의로운 행동에 중국 총통 장제스는, "우리 백만 대군도 하지 못한 일을 조선 청년 윤봉길이 해내고 말았구나."라고 칭송했다고 합니다.

논술 보충 학습 자료

1 윤봉길 의사가 보통학교를 그만 둔 까닭은?

삼일운동을 보면서, 우리 나라 백성들이 일본의 지배에서 벗어나기 위해 독립을 외치는데, 자신은 일본인 선생 밑에서 교육을 받는 것이 싫어서.

2 농촌에서 사람들을 가르친 이유는?

일본에게 지배되지 않기 위해서는 우리 나라 백성들을 가르쳐 스스로 깨우치게 하려는 생각이었다.

3 본격적으로 농민을 가르치던 활동은?

1926년부터 농민계몽, 농촌부흥운동, 독서회운동을 펼치고, 〈농민독본〉을 저술하고, 야학회를 조직하여 시골의 불우한 청소년을 가르쳤다. 1929년에는 '부흥원'을 설립하여 농촌 살리기운동을 본격적으로 벌였다.

4 윤봉길이 만주로 망명한 까닭은?

당시 우리 나라에는 일본의 지배에 있었기 때문에 자유롭게 독립운동을 할 수가 없없다. 그래서 본격적인 독립운동을 벌이기 위해 망명을 갔고, 거기서 대한민국 임시 정부가 있는 상해를 거처로 삼게 되었다.

5 홍커우 사건은 언제 일어났고, 그날은 무슨 날이었나?

1932년 4월 29일로, 일본왕의 생일과 중국과의 전쟁이 승리로 끝난 것을 축하하기 위하여 일본 최고 사령관들이 모여 '홍커우 공원' 에서 기념회를 갖는 날이었다. 윤봉길은 그런 일본의 최고사령관들에게 폭탄을 던져 조국의 독립의지를 보여주었다.

6 어떻게 해서 윤봉길 의사는 무사히 폭탄을 던질 수 있었을까?

도시락 속에 폭탄을 숨겨 알아보지 못하게 하였고, 일본식 양복 옷차림으로 단상까지 갈 수 있었다.

백범일지를 남긴 독립운동가

김 구

김구가 누구예요?

- ❀ 이름 : 김 구(金九)
- ❀ 특징 : 독립운동가 · 정치가
- ❀ 출생과 사망 : 1876 (고종 13) ~ 1949
- ❀ 다른 이름 : 김창수 (金昌洙)
- ❀ 호 : 백범(白凡)
- ❀ 출신 : 황해도 해주 백운방에서 김순영의 아들로 태어났다. 가정이 가난하여 12세 때부터 한학을 공부하고 14세 때 해주에서 시행된 임진 경과에 응시했으나 실패하였다. 그러나 17세의 나이로 훈장이 되었고, 18세(1893)에 동학 농민운동에 참가하게 된다.

김구는 이런 사람이야!

1876년 음력 7월 11일, 김구 선생은 황해도 해주의 가난한 집안에서 태어났습니다.

태어날 때의 이름은 창암으로, 12살 때부터 한문을 공부하였고, 14세 때 해주에서 열리는 임진 경과에 응시했으나 낙방하였습니다. 그러나 열일곱 살에는 이미 소년훈장이 되어 아이들을 가르칠 정도로 해박한 지식을 가지고 있었습니다.

사실, 그 당시로서는 천민이 과거에 급제하기란 하늘의 별따기보다 어려웠습니다.

돈이 많은 사람들이 똑똑한 사람들을 돈으로 사서, 대신 과거시험을 보거나, 벼슬아치들의 부정으로 과거시험 자체가 엉망이었습니다.

그런 현실을 비관한 창암은 과거공부를 포기하고, 풍수나 관상을 배웠습니다. 그러면서 자신의 얼굴도 들여다보았지만 아무리 보아도 자신의 관상은 좋지가 못했습니다.

"아무리 내 관상이라지만, 평생 천하게 살다가 죽을 관상이군!"

그렇게 우울해지는 그의 눈에 번쩍 띄는 것이 있었습니다.

‘얼굴이 좋은 것보다 몸이 좋은 것이 낫고, 몸이 좋은 것보다는 마음이 좋은 것이 훨씬 낫다.’

이 귀절을 읽고 창암은 좋은 마음을 갖기 위해 노력했습니다.

1893년, 황해도 일대에는 동학이 번지기 시작했습니다. 창암은 동학에 호기심이 생겨, 동학 교도인 오응선을 찾아갔습니다.

오응선은 친절하게 창암을 맞이하였습니다.

“동학에는 지체가 높고 낮음이 없습니다. 양반도 상놈도 없이 모두가 평등한 것입니다.”

“양반, 상놈의 구별이 없다?”

순간 새 세상을 얻은 것 같이 기뻤습니다.

창암은 동학에 들어서면서, ‘창수’로 이름을 고치고, 동학을 열심히 공부하는 한편, 동학을 널리 알리는 데도 온 힘을 기울였습니다.

1894년 전라도 고부에서는 녹두장군 전봉준이 중심이 되어, 부패한 관리들을 쳐부수자는 동학농민운동이 벌어졌습니다.

거기에 힘을 얻은 창수는 황해도의 다른 접주들과 모여, 9월에 군사를 일으키기로 계획을 세우고 군사훈련에 들어갔습니다.

그 와중에 하얼빈에서 이토오 히로부미를 암살한 안중근의 아버지 안진사도 만나 인연을 맺게 되었습니다.

한편, 농민과 백성을 위해서 시작된 동학운동은, 백성에게서 재산을 빼앗고 힘없는 백성을 괴롭히는 것으로 변해가고 있었습니다.

특히, 구월산 일대에서 가장 세력이 큰 이동엽과 그의 수하들은 창수의 진까지 쳐들어오게 된 것입니다.

거기서 창수네 진은 무참히 참패하고, 창수는 안진사댁으로 몸을 피하게 되었답니다.

그 후 청계동을 떠나 평양을 거쳐, 만주로 가는 중에 커다란 사건이 생겼습니다.

안악으로 가는 도중, 잠시 숙소에 머문 창수가 일본군 중위를 발견한 것입니다.

당시는, 일본인들에 의해 고종황제의 왕비이며 국모인 명성황후가 살해된 지 얼마 안 되어서였습니다.

창수는 일본에 대한 분노로, 그 일본 중위를 처치하고 태연하게 글을 썼습니다.

국모의 원수를 갚기 위해 일본놈을 죽였도다!

— 해주 텃골 김창수

창수는 위와 같은 글귀를 종이에 써서 큰길 벽에 붙여 놓았습니다.

그 일로 1896년 5월, 그는 해주 감옥에 갇히게 되었는데, 경무청에서 신문을 받는 도중에도 의연하게 자신의 주장을 밝혔습니다.

"나 김창수는 국모께서 왜적의 손에 돌아가신 수치를 그냥 보고만 있을 수 없소. 왜놈 하나라도 죽여 원수를 갚고 싶을 뿐이었소. 높은 관리들은 다들 뭘 하길래 왜왕을 죽여 국모의 원수를 갚지 못하는 거요?"

이런 이야기는 감옥 안은 물론 바깥세상에까지 널리 전해져, 많은 사람들이 면회를 와서 김창수의 행동을 격려하기도 하였습니다.

그는 이 사건으로 사형을 선고 받았습니다.

그러나 그는 감옥에 있는 동안에도 죄수들에게 글을 가르쳐서, 감옥은 서당처럼 매일 글 읽는 소리가 담장을 넘었답니다.

8월 26일, 그날은 김창수의 사형이 집행되는 날이었습니다.

그는 이른 새벽에 일어나, 조용히 마지막 순간을 기다리고 있었습니다.

지루한 하루가 지나고, 오후 8시였습니다.

"김창수!"

마침내, 간수의 목소리가 들렸습니다.

'올 것이 왔구나!'

김창수는 담담한 마음으로 일어났습니다.

"김창수, 당신은 운이 좋았소! 지금 황제께서 사형을 중지하라는 칙명을 내리셨소. 당신은 이제 살아난 것이오!"

순간, 감옥 안에서는 함성을 지르며 잔칫집 분위기로 바뀌었습니다.

김창수의 사형집행이 중지되었다는 소문이 퍼지자, 축하객이 줄을 이었습니다.

"김창수씨, 나라와 백성을 위해, 부디 훌륭한 사람이 되어 주시오!"

그는 이렇게 말하는 축하객을 만나면서 스스로 거듭 다짐하였습니다.

'나 김창수는 이 나라, 우리 민족을 위해, 내 목숨을 바치리라! 그러기 위해선 내가 감옥을 나가야 해!'

결국 감옥을 탈출하는 데 성공하고 상해로 간신히 몸을 피하게 됩니다.

1919년 3월 독립운동 이후, 상해에는 각 지에서 모여든 독립운동가들 수백 명이 모여있었습니다.

김구는 황해도 대표로, 대한민국 임시정부를 세우는 데 함께 하였습니다.

임시정부의 첫 총리는 이승만, 내무총장은 안창호, 그리고 김구는 국장에 임명되었습니다.

김구는 여기서 윤봉길을 만났고, 윤봉길은 김구와 상의하여, 4월 29일 홍커우 공원에 도시락폭탄을 던져 많은 일본 관리들을

죽이는 데 성공하였습니다.

윤봉길 의사는 나라를 위해 자신의 목숨을 희생한 것이었습니다.

이 사건으로 김구는 공모자라는 이유로 현상금이 걸려 전국에 수배되었고, 그는 서양인 피취네 집에 몸을 숨겼습니다.

한편 1937년 7월 7일, 일본과 중국과의 전쟁이 시작되자, 김구는 더욱 바빠졌습니다.

그는 여럿으로 흩어져 있는 독립운동 단체들을 모아 '한국 광복 전선'을 만들었습니다.

또한, 임시정부에 주석을 맡고 있을 때는 '한국 독립단'을 만들고, 군대도 조직했습니다.

1940년 9월 15일, 대한민국 임시정부 주석 겸 광복군 창설위원회 위원장 김구는 '한국 광복군 선언문'을 발표하였습니다.

한국 광복군은 조국의 광복을 위해 열심히 훈련을 해나갔고, 김구는 국제사회에서 한국의 임시정부가 승인을 얻을 수 있도록 열심히 뛰어다녔습니다.

　마침내, 1941년 12월 9일, 임시정부는 일본에 대하여 선전포고를 했습니다.

　무력으로 일본군과 싸워 조선에서 일본을 몰아내기 위한 선전 포고였습니다.

　때마침, 일본군에 강제로 끌려가 진주만 전선으로 끌려갔다가 탈출한 우리 나라 학도병들이, 중국 부양에 있는 대한민국 임시정부를 찾아와 애국가를 부르는 사건이 생겼습니다.

　이것은 광복군이 연합군의 주목을 끄는 큰 사건이 되었고, 중국과 임시정부 사이에도, 광복군을 독립국의 정식 군대로 인정하는 군사협정까지 이루어졌습니다.

　"아, 우리 광복군의 일이 제대로 진전되고 있어! 이젠, 일본을 쳐부수는 일만 남았어!"

　김구는 설레는 마음으로 잠을 이루지 못하는 날이 많았습니다.

　그러나 광복군은 훈련받은 것을 제대로 발휘할 수 없었습니다.

미국이 일본 히로시마에 원자폭탄을 터뜨려, 일본의 무조건 항복을 받아냈기 때문입니다.

1945년 8월 15일, 일본의 식민지로 있던 대한민국은 드디어 광복을 맞았습니다.

그러나 광복의 기쁨도 잠시, 나라 안에는 더 큰 문제가 기다리고 있었습니다.

미국, 영국, 소련 세 나라가 5년 동안 우리 나라를 다스린다는 것이었습니다.

또 그것은 후에, 38선을 기준으로 북쪽은 공산주의 소련이, 남쪽은 민주주의 미국이 지배를 하게 되는 것으로 결말이 내려졌습니다.

그때부터 지금까지 통일을 이루지 못하고 분단된 조국을 갖게 된 것이지요.

결국 반쪽으로 갈라져 광복을 얻은 남쪽에서 1948년 5월 10일, 남한 만의 선거가 실시되어, 이승만이 대통령에 당선되었습니다.

　마침내 8월 15일에 남한의 대한민국이 선포되자, 9월 9일 북한에서도 조선민주주의 인민공화국을 선포한 것입니다.

　그야말로, 두 개의 다른 이념으로 민족의 허리가 잘린 것이었습니다.

　그래도 김구는 절망하지 않았습니다. 조국의 완전한 광복을 위해서 남북협상을 벌이며 진정한 광복을 위해 노력했습니다.

　1949년, 신년사에서도 그는 말했습니다.

　"해가 바뀌고 또 바뀌어도 삼천 만의 가장 큰 염원은 오로지 조국의 자주적 · 민주적 통일 뿐입니다. 지나간 한 해를 돌아보면서 서글픔이 있다면, 이 염원이 이루어지지 않았다는 것입니다. 올해에 새 희망이 있다면, 이 염원을 이룩하는 것 뿐입니다!"

　이렇듯 민족의 자주 통일을 기다리던 김구는, 그 해 6월 26일

평소 알고 지내던 포병 소위 안두희에게 암살을 당하고 말았습니다.

그후 안두희는 김구를 살해하게 된 여러 가지 상황과 배경을 녹음해 두었지만, 끝내 안두희는 사실을 털어놓지 않고 죽었습니다.

그리하여 김구의 죽음은 지금까지도 그 비밀을 풀지 못하고 있답니다.

7월 5일, 김구의 장례식은 국민장으로 치르고 효창공원에 고히 묻혔습니다.

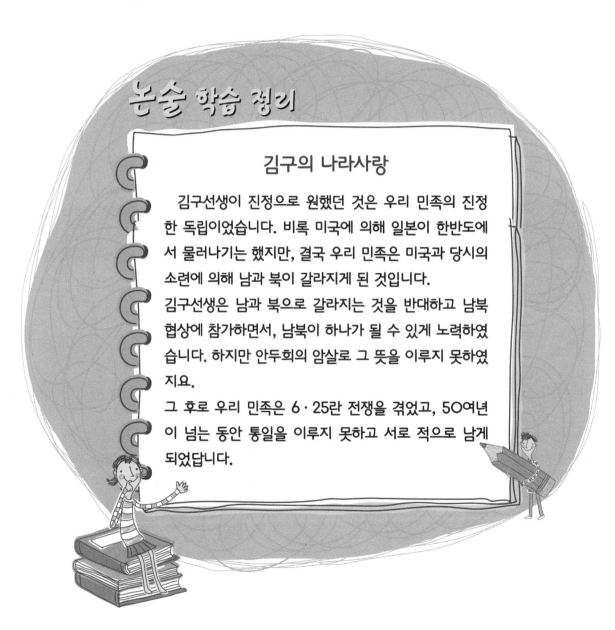

논술 학습 정리

김구의 나라사랑

김구선생이 진정으로 원했던 것은 우리 민족의 진정한 독립이었습니다. 비록 미국에 의해 일본이 한반도에서 물러나기는 했지만, 결국 우리 민족은 미국과 당시의 소련에 의해 남과 북이 갈라지게 된 것입니다.
김구선생은 남과 북으로 갈라지는 것을 반대하고 남북 협상에 참가하면서, 남북이 하나가 될 수 있게 노력하였습니다. 하지만 안두희의 암살로 그 뜻을 이루지 못하였지요.
그 후로 우리 민족은 6 · 25란 전쟁을 겪었고, 50여년이 넘는 동안 통일을 이루지 못하고 서로 적으로 남게 되었답니다.

1 김구가 활동했던 시대와 그 상황을 이야기 하자.

조선 말로, 고종 13년에 태어나 1947년까지 조선이 일제에게 쓰러지고, 37년간 일제의 치하에서 우리 나라의 권리를 찾지 못했던 어두운 시대였다.

2 김구가 동학운동에 참여하게 된 계기는?

17세에 '모든 백성이 평등하다' 는 동학을 알게 되었고, 동학 농민운동에 참가하면서 나라를 위한 일을 시작하게 되었다.

3 김구가 일본 중위를 살해한 사건에 대해 알아보자.

1895년에 명성황후가 일본에 의해 시해되고 얼마 지나지 않아서, 안악으로 가는 도중 숙소에서 우연히 일본 중위를 만나게 된다. 김구는 일본에 대한 증오로 그 중위를 죽이고 글을 써서 길에 붙여놓았다. 그 일로 사형까지 선고받게 되지만 간신히 사형을 면하였다. 그후 1898년 탈옥에 성공하고 상해로 망명하게 된다.

4 김구가 상해로 망명하여 한 일들을 정리해 보자.

대한민국 임시정부의 요인으로 활동하면서 독립운동을 펼쳤고, 윤봉길 의사와 이봉창 의사로 하여금 폭탄사건을 주도하는가 하면, 임시정부의 군대 역할인 광복회를 결성하여 일본에게 선전포고까지 하게 된다.

5 광복이 되고, 김구가 반대했던 것과 진정으로 원했던 것은?

1945년 우리 나라가 일제에서 해방이 되었는데, 미국과 소련이 남과 북으로 우리 나라를 지배하려 하였다.
이 때 김구는 우리 나라가 남과 북으로 갈라지는 것에 반대하였고, 적극적으로 남북협상에 참가하여 통일을 이루려 하였다. 하지만 안두희에 의해 살해되는 바람에 그 뜻을 이루지 못하였다. 김구가 진정으로 원했던 것은, 단순한 일제에서의 광복 뿐만이 아니라, 남과 북, 우리 한반도의 진정한 통일을 바랬던 것이다.

온세상에 사랑을 가르쳐 준 성인

예수 그리스도

예수가 누구예요?

⊛ 이름 : 예수 그리스도(Jesus Christ)

⊛ 특징 : 기독교의 창시자

⊛ 출생과 사망 : 서기전 4년 ~ 서기후 29년으로 추정

⊛ 출신 : 예수의 생애는 명확하게 알 수 없지만 대개 서기전 4년에 태
어나 33세까지 살아있었다고 추정한다. 또 베들레헴에서 태
어나 나사렛에서 소년기를 지내고, 30살이 되어서 전도를 시
작했다고 한다. 그에게는 열두 제자가 있었고, 죽은 후 3일
만에 부활하였고, 다시 40일 만에 하늘로 승천했다고 한다.

예수 그리스도는 이런 분이야!

지금으로부터 약 2천년 전, 로마라고 불리는 강대한 제국이 있었습니다. 당시 로마 제국은 지금의 독일, 프랑스, 영국 뿐 아니라 이집트를 비롯한 북아프리카 전체를 지배하는 아주 큰 나라였습니다.

로마 제국은 작고 힘이 없는 많은 나라를 정복하여 큰 제국으로 만들었는데, 지금의 이스라엘도 이렇게 정복당한 작은 나라들 중에 하나였습니다.

이스라엘은 로마에 의해 영토를 빼앗기고 많은 핍박과 고통 속에서 살았습니다.

이렇게 고통스럽고 절망적인 이스라엘 민족들이 하루하루를 견딜 수 있었던 것은, 그들이 믿고 있는 구세주 때문이었습니다.

어느 날, 유태인들은 로마 황제의 명령에 따라 자신이 태어난 고향으로 돌아가게 되었습니다.

예수의 아버지 요셉도, 갈릴리 지방의 나사렛에서 목수일을 하다가 자신이 태어난 베들레헴으로 가기 위해 만삭이 된 아내, 마리아와 함께 길을 떠났습니다.

그러나 어렵게 도착한 베들레헴에는 한꺼번에 많은 사람들이 몰려서 쉴 곳조차 없었습니다.

"아무래도 방을 구하기 힘들 것 같소. 오늘 밤을 어디서 보내야 할 지 걱정이구려."

그때 곁에서 이들을 지켜보던 한 아주머니가 말을 건넸습니다.

"보아하니 부인이 홀몸도 아닌 것 같은데, 괜찮으시다면 여기서라도 쉬는 게 어떨지요?"

그렇게 하여 자리를 잡은 곳은 허름한 마굿간이었습니다.

그날 밤, 마리아는 아기를 낳았습니다.

마리아는 귀여운 아기를 보며 천사가 계시해 준 말을 떠올렸습니다.

"마리아야, 너는 이제 곧 아들을 낳게 될 것이다. 그 아기는 하느님의 특별한 은총이 내린 아기이니 이름을 예수라 하여라."

예수라는 말은 그리스 말로, '사람을 구원한다.'는 뜻인데, 후에 그리스도라고 불리운 것도 그 말이 '하느님의 일을 하는 사람' 또는 '부름을 받은 사람'이라는 뜻을 지녔기 때문입니다.

그날 예수라는 아기가 태어나기 전, 근처의 양치기들을 비롯한 동방의 세 박사, 그리고 많은 이들에게 계시가 있었습니다.

　특히 동방의 세 박사는 별을 연구하다가, 지금까지 보지 못했던 큰 별이 서쪽에서 빛나는 것을 보고 위대한 왕을 예견하였습니다.

　"놀랍군, 지금까지 저런 별은 없었는데…. 틀림없이 위대한 왕이 태어날 징조야."

　"그래 맞아, 그렇다면 우리가 찾아가 인사를 드려야 하지 않겠는가."

　그리하여, 동방의 세 박사는 별이 이끄는 대로 예루살렘에 도착하였지만, 어디서 그 위대한 왕이 태어났는지 찾을 길이 없었습니다.

　생각다 못한 박사들은 이스라엘을 다스리고 있는 헤롯왕에게 찾아갔습니다.

　동방의 박사들을 만난 헤롯왕은 크게 노했습니다. 자신 외에 다른 왕이 있을 수 없다고 생각했기 때문입니다.

헤롯왕은 곧 나라 안의 유명한 학자들을 불러, 이스라엘의 왕이 될 아기가 어디에서 태어났는지 알아보라고 했습니다.

그리고 믿고 싶지는 않았지만, 그 아기를 찾아 없애야겠다고 생각했습니다.

"정확히 누구인지는 알 수 없지만 그 아기가 베들레헴에 있는 것은 확실하다. 그러니 베들레헴에 있는 두 살 아래의 모든 사내아이를 하나도 남김 없이 죽여라!"

베들레헴은 순식간에 아수라장이 되고 어머니들의 통곡 소리가 흘러 넘쳤습니다.

그러나 하느님의 계시로 이미 이집트로 떠난 요셉과 마리아는, 어린 예수를 안고 하느님께 감사의 기도를 올렸습니다.

예수가 서른 살이 됐을 무렵, 사람들 사이에는 요한이라는 예언자에 관한 이야기가 한창이었습니다.

그 시절에는 하느님의 말씀을 전하고 하느님의 일을 하는 사람은 예언자, 또는 선각자라고 불렀는데, 요한은 그 중에서도 가장 존경받는 예언자였습니다.

그는 광야에 모인 사람들에게 하느님의 말씀을 전했고, 하느님을 믿는 모든 이들에게 요단 강물로 세례를 주었습니다.

그러던 어느 날, 강가에서 세례를 주고 있던 요한은 길게 줄을 서서 기다리던 무리 중에서 예수를 보았습니다.

다른 사람들과 다를 바 없는 평범한 옷차림이었지만, 요한은 한눈에 그분이 기다리던 구세주라는 것을 알아차린 것입니다.

"당신은 구세주임에 틀림이 없습니다. 제게 세례를 주십시오."

요한은 떨리는 목소리로 말했습니다.

"오, 구세주여. 저도 다른 사람들과 같이 몸과 마음을 깨끗이 해 주는 세례를 받고 싶습니다. 부디 제게 세례를 주십시오."

예수는 먼저 요단 강 속으로 걸어 들어갔고, 요한은 그에게 세례를 받았습니다.

"드디어 우리의 구세주가 나타나셨습니다!"

요한이 소리치자 사람들은 웅성거리며 예수의 모습을 찾았습니다.

하지만 예수는 그 곳을 떠나, 홀로 40일 동안 광야를 헤매었습니다.

광야를 헤매는 동안 예수는 악마를 만나고 굶주림에 지쳤지만, 비로소 하느님의 아들이라는 것을 깨닫게 되었습니다.

예수는 여러 곳을 돌아다니면서 열두 제자를 만났고, 또 무수히 많은 기적을 보였습니다.

아픈 사람들을 낫게 하고, 굶주린 이들에게 먹을 것을 주었습니다.

그리고 하느님의 말씀을 전하여, 많은 이들로 하여금, 서로 사랑하고 모두가 하느님의 자녀라는 것을 가르쳐 주었습니다.

예수의 가르침에 이끌려 예수를 따르는 사람들이 많아지자, 반대로 그를 죽여야 한다고 하는 사람들도 많아졌습니다.

특히, 로마의 총독 빌라도의 입장에서는 더더욱 예수를 없애야겠다고 마음 먹은 것입니다.

예수는 여러 지방을 돌아다니다가 제자들과 함께 예루살렘으로 갔습니다.

거기에는 예수를 반대하는 바리사이 사람들이 많아 매우 위험한 곳이었습니다. 그러나 예수는 이미 자신의 운명을 알고 있었습니다.

'이것은 하느님의 뜻이고, 세상 사람들을 죄에서 구하는 길이다.'

예수는 십자가에 못박히기 전날, 열두 제자들을 모아 놓고 최후의 만찬을 가졌습니다.

열두 제자들의 발을 손수 닦아 준 예수는,

"내가 이렇게 너희의 발을 씻어 주듯이 너희도 다른 사람에게 이렇게 하라."

하고 빵과 포도주를 나누어 주었습니다.

이튿날, 예수는 반항도 하지 않고 로마 병정들에게 순순히 끌려가, 총독 빌라도 앞에 섰습니다.

그리고 예수의 머리에 가시관을 씌우고, 자신이 못박힐 십자가를 지고 골고다 언덕으로 걸어 올라갔습니다.

군중 속에는 예수에게 욕설을 퍼붓는 사람도 있는가 하면, 예수의 가르침을 받은 이들은 울면서 예수를 뒤따라갔습니다.

'하느님, 저들을 용서하소서. 저들은 지금 자신들이 무엇을 하

는지 모르나이다.'

예수는 십자가에 못박혀 피를 흘리면서도 계속 기도를 했습니다.

그때 머리 위에 떠 있던 해가 갑자기 그 빛을 잃더니, 번개가 치고 땅이 흔들렸습니다.

예수를 믿지 않던 사람들은 두려움에 떨며, 엎드려 절을 하거

나 집으로 달아났습니다.

"하느님, 아버지시여! 내 영혼을 아버지 손에 맡기나이다."

예수는 큰소리로 마지막 기도를 올리고 숨을 거두었습니다.

예수가 숨을 거둔 지 사흘이 되었습니다.

일요일 아침, 몇몇 사람들이 예수의 무덤을 찾아갔다가 예수의 시신이 없어진 것을 알고, 크게 울음을 터뜨렸습니다.

그때 천사의 음성이 들렸습니다.

"슬퍼하지 마라. 예수는 다시 살아나셨다."

천사의 음성을 들은 사람들은 다른 제자들에게 달려가 그 사실을 알렸습니다.

그런데 이야기를 들은 다른 제자들은 그 말이 쉽게 믿기지 않았습니다. 특히, 도마라는 제자는 크게 고개를 저었습니다.

"죽은 사람이 다시 살아나다니, 나는 내 눈으로 직접 보기 전엔 믿을 수 없소."

그날 밤 예수는 도마 앞에 나타났습니다.

"네 손을 다오. 네 손으로 내 옆구리와 못으로 생긴 내 손의 상처를 만져 보아라."

도마는 시키는 대로 해 보았습니다.

"오! 당신은 분명 나의 주님이십니다. 하느님의 아들, 예수님이 분명하십니다!"

도마는 자신이 의심한 것을 뉘우치며 엎드려 머리를 조아렸습

니다.

"너는 직접 나를 보고서야 믿는구나. 나를 보지 않고도 믿는 사람은 복이 가득하리라."

예수가 십자가에 못박혀 죽었다가 다시 부활하였다는 소문은 삽시간에 온 나라 안에 퍼졌습니다.

예수는 그의 제자들을 다 불러모아, 이제까지 하느님의 말씀을 다시 처음부터 하나하나 전했습니다.

부활한 예수를 본 그의 제자들은 더욱 힘이 솟았습니다.

"자, 나는 다시 아버지 하느님께로 돌아가야 한다. 그러나 너희들은 세계 각지로 흩어져 하느님의 가르침을 전하여라. 내가 항상 너희를 지켜 주고 힘을 줄 것이니 두려워 말지어다. 나는 너희 안에 머물 것이니라."

말을 마친 예수는 제자들이 지켜보는 가운데 하늘로 올라갔습니다.

제자들은 그 후, 예수가 세상 사람들의 죄를 대신하여 죽음을 기꺼이 받아들이고, 다시 부활하여 하느님의 가르침을 전한 사실을 세상곳곳에 전했답니다.

논술 학습 정리

예수의 가르침 '사랑'

예수의 생애는 마태 복음, 누가 복음, 요한 복음 등 신약성서에 많이 다루어져 있습니다. 예수는 서른 세 살이라는 짧은 기간 동안, 특히 본격적으로 전도를 하기 시작한 30살 부터 3년간 많은 기적을 보여주고 사랑의 실천을 보여주었습니다.

예수가 우리에게 말하고 있는 것의 가장 중요한 한 가지는 사랑입니다. 사랑으로 원수도 감싸안고, 사랑으로 사람들을 대하라는 것이지요.

그것이 곧 기독교의 진리가 되어 세계의 많은 사람들이 예수를 믿고 따르는 것입니다. 말로만 예수를 존경하는 것이 아니라, 희생과 봉사를 통하여 진심으로 사랑을 실천하는 사람이 진정한 크리스찬일 것입니다.

논술 보충 학습 자료

1 예수가 태어났을 때는 어떤 시대였나?

지금으로부터 약 2천년 전 이스라엘에서 태어났는데, 로마라는 큰 제국에게 정복되어 영토를 빼앗기고 많은 핍박과 고통 속에서 살았던 때이다.

2 동방박사가 예수를 찾아온 까닭은?

동방의 세 박사는 별을 연구하다가, 지금까지 보지 못했던 큰 별이 서쪽에서 빛나는 것을 보고 위대한 왕을 예견하였다. 그때 세 박사는 위대한 왕이 태어날 징조인 것을 알고 미리 예수를 찾아가기로 하였다. 그리하여 동방의 세 박사는 별이 이끄는 대로 예루살렘에 도착하게 된다.

3 헤롯왕이 베들레헴의 두 살 아래 아기를 모두 죽인 까닭은?

동방의 세 박사에게서, 이스라엘에 위대한 왕이 태어난다는 예언을 듣고 베들레헴에 있을 아기를 찾았다.
하지만 그 아기를 찾을 수 없자, 무조건 두 살 아래 아기들을 모두 죽여버린 것이다.

4 예수를 제일 먼저 알아 본 사람은 누구인가?

하느님의 말씀을 전하고 하느님의 일을 하는 사람은 예언자 요한이다. 그는 하느님을 믿는 모든 이들에게 요단 강물로 세례를 주었는데, 그 세례를 받기 위해 기다리던 예수를 발견하고 그가 구세주라는 것을 알았다. 그리하여 요한은 예수에게 제일 처음 세례를 받게 된다.

5 제자들이 예수에 대해 알린 것에 대해 알아보자.

예수가 세상 사람들의 죄를 대신하여 죽음을 기꺼이 받아들였다는 것과 다시 부활하여 하느님의 가르침을 전한 사실이었다. 그들은 사랑으로 사람을 대하라는 예수의 가르침을 전하고 또 몸소 실천하였다.

온세상에 자비로 불교를 알린 성인

석가모니

석가모니가 누구예요?

- ❀ 이름 : 석가모니 (Gotama Siddhartha)
- ❀ 특징 : 불교의 창시자
- ❀ 출생과 사망 : 서기전 623 ～ 서기전 544
- ❀ 출신 : 북인도의 가비라 (지금의 네팔 지방) 왕국의 왕 수도다나와 마야부인 사이에서 태어났다. 어릴 때부터 총명했던 그는 왕궁 밖에서 인간의 현실을 보고 궁궐을 나와 고행을 시작한다. 그후 서기전 601년에 큰 깨우침을 얻고 45여 년간 각지로 순방하며 교화에 힘써, 인류 사상에 지대한 영향을 끼쳤다.

석가모니는 이런 분이야!

아주 오랜 옛날, 지금으로부터 2천 5백년 전 인도의 히말라야 산에 '가비라'라는 나라가 있었습니다.

석가모니는 이곳의 왕 수도다나왕과 둘째왕비 마야 부인에게서 태어났습니다.

마야 부인은 코끼리가 온순하게 앞으로 다가오더니 갑자기 연기가 되어 왕비의 옆구리로 들어오는 태몽을 꾸고 아기를 낳았답니다.

그날은 음력으로 4월 8일로, 수도다나왕은 이 아기에게, '무엇이든지 할 수 있다'는 뜻의 '싯다르타'라는 이름을 지어 주었습니다.

태어날 때부터 남달랐던 싯다르타는, 일곱 살 때부터 유명한 스승들에게 무예·산수·승마 등을 배워 뛰어난 솜씨를 발휘하여, 여러 사람들을 놀라게 하였고, 스승들은 왕자의 특별한 기억력과 깊은 이해심에 감탄하여 칭찬을 아끼지 않았습니다.

그러던 어느 봄날, 싯다르타는 궁궐에서만 지내다가 세상에 태어나 처음으로 성문 밖을 나가게 되었습니다.

궁궐 밖에는 많은 백성들이 모두 땀을 흘리며 일하고 있었습니다.

등이 굽은 노인과 어린 여자 아이까지도 밭을 일구고, 말에게는 산더미같은 짐을 지우고 낑낑거리며 일하는 사람들을 싯다르타는 처음 보게 된 것입니다.

'나는 궁전에서 풍성한 음식을 언제든 먹고, 쉬고 싶으면 언제라도 쉴 수가 있는데, 저 사람들은 내가 하지 않는 일을 저렇게 열심히 하는 데도 쉴 수가 없구나…. 저 팔과 다리는 왜 또 저렇게 앙상할까?'

그때였습니다.

쟁기를 갈고 지나간 밭의 한가운데서 벌레 한 마리가 기어나와 꿈틀거리자, 어디선가 나타난 새 한 마리가 그 벌레를 쪼아먹고 날아가 버렸습니다.

이 광경은 싯다르타에게 큰 충격이었습니다.

비록 사람은 아니지만 생명체가 그의 눈 앞에서 죽이고 죽임을 당한 것입니다.

그날부터 싯다르타는 매우 우울해졌습니다.

궁궐 안에서는 아무 부족함이 없는 싯다르타였지만, 마음에는 뭔가 부족하고 죄를 짓는 것 같아 몹시 불편하였습니다.

그후 싯다르타는 아버지 수도다나왕의 허락을 받아 다시 성문을 나가기로 마음 먹었습니다.

성 밖에 나가자마자 싯다르타는 한 노인과 지팡이에 간신히 몸을 의지한 병자를 보았습니다. 그리고 사람은 누구나 늙는다는 것과 병에 걸리면 아프고 괴롭다는 것도 알았습니다.

'아아, 괴롭구나! 모두 불행한 사람만 보이는구나. 분명 행복한 사람도 있을 터인데……'

싯다르타가 실의에 빠져 있을 때 곁에서는 또 장례식의 행렬이 지나갔습니다.

"아! 사람은 나이가 들면 늙고, 병이 들면 죽는 것. 그것이 사람이 살아가는 것이구나. 정말 슬픈 일이야!"

그러던 중 허름한 옷차림의 한 남자와 마주쳤습니다. 그는 비록 외모는 허름했지만, 앞서 보았던 어두운 얼굴들과는 달리 아주 평화롭고 따뜻한 미소가 있는 얼굴이었습니다.

"당신은 무얼 하는 사람이오?"

싯다르타가 그에게 다가가 물었습니다.

"저는 집을 떠나 세상 일을 잊고 도를 닦는 사람입니다."

"세상 일을 잊고 도를 닦는다구요?"

"예. 저는 우리 이웃에서, 늙고 병들어 죽어가는 사람들의 고통을 일찍이 알았습니다. 그래서 저는 인간이 느끼는 모든 고통을

벗어나기 위하여 온갖 고행을 했습니다. 지금은 속세의 어느 것에도 욕심이 없으니, 마음이 이렇게 평화로울 수가 없습니다.

저는 더 높은 도를 얻기 위하여 지금도 고행을 계속 하고 있는 중이지요."

그 날 이후 싯다르타는 궁궐을 떠나 고행의 길을 선택하였습니다.

그때 나이 스물아홉으로, 수도다나왕은 싯다르타를 궁궐에 머물게 하기 위하여 혼인을 시키고, 여러 가지 군사법이나 진리를 가르쳤지만, 싯다르타를 말릴 수는 없었습니다.

"아바마마, 저의 소원은 첫째 늙지 않는 것이고, 둘째는 병들지 않는 것입니다. 그리고 세째는 죽지 않는 것, 네 번째는 서로 이별하지 않고 평생을 함께 사는 것이옵니다. 그러기 위해서 저는 고행을 하며 도를 닦으려 하옵니다."

싯다르타는 수도다나왕에게 자신의 뜻을 알리고 궁궐을 나와 고행을 시작하였습니다.

그러면서 싯다르타는, 길고 험난한 수행의 길에서 혼자라는 사실을 깨달았습니다. 하지만 여태까지 그보다 더 편안하고 고요한 적은 없다고 생각했습니다.

그는 깊고 험한 산길을 돌아다니다가 아라라 선인을 만났고, 그와 함께 사는 동안 큰 가르침을 받았습니다.

"사람이 늙고 병들어 죽는 것에 대한 두려움은 마음 속에서 생기는 것이니라.

몸과 마음에서 이것을 몰아내려면 무념무상 즉, 머리를 깨끗이 비우는 고행을 해야 하느니라. 그래야만 비로소 자기 자신에게서 해방될 수 있는 법이지."

거기서 몇 년의 세월이 흐르고, 싯다르타는 앙상하게 마른 모습이 되었습니다.

"내가 이렇듯 육체를 힘들게 하는데도 내 마음의 평화는 찾을 수가 없구나. 배고픔과 추위와 같은 육체적인 고통 때문에 명상에 고요히 잠길 수도 없으니 어쩌면 좋단 말인가!"

하지만 싯다르타는 처음에 혼자가 된 것처럼, 다시 혼자서 고행을 계속하리라는 다짐을 하며 길을 떠났습니다.

며칠을 걷다가 보리수 나무를 발견했습니다.

"이 곳이 좋겠구나. 불어오는 바람도 향긋하고, 일찍이 보지 못했던 편안한 곳이야."

싯다르타는 그 곳에서 평화로운 마음으로 많은 것들을 깨달았습니다.

'사람이 태어나서 죽는 것은 사실 하나인 게야. 마음이 우주이고, 우주가 곧 내 마음인 것을……'

그는 비가 오고 바람이 불어도 꼼짝 않고 그 자리에서 움직일 줄을 몰랐습니다.

그 동안 여러 가지의 마귀와 악마들이 그를 괴롭히고 유혹하였습니다. 맛 있는 음식을 내놓거나, 어여쁜 처녀들이 그의 주위를 돌며 유혹하였고, 무서운 칼로 위협하기도 하였습니다. 그러나 싯다르타는 그 어느 유혹에도 빠지지 않고 잘 이겨냈습니다.

결국, 보리수 나무 아래서 고행을 시작한 지 21일째 되는 날 싯다르타는 가뿐히 자리에서 일어났습니다.

"아! 이제야 알았도다!"

싯다르타는 비로소 자신이 부처가 된 것을 깨달았습니다.

부처란 말은, 인도말로 '깨달음이 있는 성스러운 사람'이란 뜻입니다.

그는 생각했습니다.

'늙고 병들어 끝내는 죽는 것이 인간의 삶인데, 왜 인간은 다시 태어나고 죽음을 두려워해야 하는가!

결국 죽음의 세계는, 어둠이 아니라 속세를 떠나 열반의 경지에 이르는 것이야. 맞아, 이 깨달음을 나만 알아서는 안 돼. 모든 중생들에게 알려, 마음의 고통에서 벗어날 수 있도록 도와 주어야 해!'

열반이란, 모든 고통에서 벗어나 죽지도 않는 영원한 경지를 이르는 말입니다.

그렇게 하여, 부처는 출가한 지 12년 만에 궁궐로 돌아가 가족들을 만났습니다.

그 사이 여러 사람들을 만나 깨달은 바를 일러 주고, 수백 명의 제자를 두기도 했답니다.

부처님은 80살이 될 때까지 방방곡곡을 돌아다니면서 자비와 깨달음을 가르쳤습니다.

그가 베삿리라는 마을을 지나 바바라는 고을에 이르렀을 때는, 몸이 쇠약해져서 더 이상 여행을 계속할 수 없다는 것을 알았습니다.

부처는 제자들을 모아놓고 당부했습니다.

"내가 죽는다고 해도 울지 마라. 자연의 이치는 아무도 거스를 수 없는 것, 세상의 모든 형태가 있는 것은 반드시 없어지는 법이다. 너희는 내가 당장 눈에 보이지 않는다고 허둥대서는 안 된다. 올바른 것, 깨끗한 것은 세상이 변한다고 해도 변하지 않는 것이니, 이를 명심하고 지켜 나가거라."

말씀을 마친 부처님은 조용히 열반에 드셨습니다.

때는 기원전 486년 음력 2월 15일, 이른 새벽녘이었습니다.

날이 밝자, 한 제자가 벌떡 일어났습니다.

"부처님은 우리가 여기서 이렇게 슬퍼하기보다, 한 사람에게라도 더 부처님의 말씀을 세상에 전하길 바라고 계실 것입니다. 모든 사람들이 깨달음을 얻도록 하는 것이, 남은 우리들의 일입니다."

그리하여 제자들은 부처님의 말씀을 기록한 〈불경〉과 부처님의 일대기를 완성하고, 그 가르침을 온 세상에 알렸습니다.

이것은 '불교'라는 큰 종교를 이루었고, 불교의 진리는 많은 사람들의 가슴 속에서 영원한 등불로 빛나게 되었답니다.

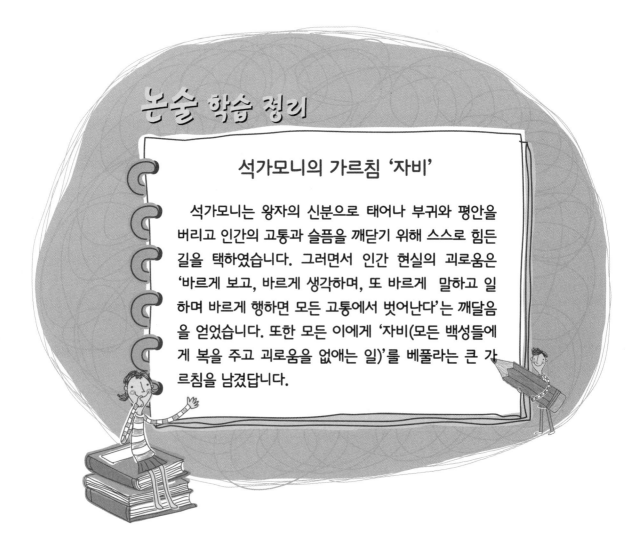

논술 학습 정리

석가모니의 가르침 '자비'

석가모니는 왕자의 신분으로 태어나 부귀와 평안을 버리고 인간의 고통과 슬픔을 깨닫기 위해 스스로 힘든 길을 택하였습니다. 그러면서 인간 현실의 괴로움은 '바르게 보고, 바르게 생각하며, 또 바르게 말하고 일하며 바르게 행하면 모든 고통에서 벗어난다'는 깨달음을 얻었습니다. 또한 모든 이에게 '자비(모든 백성들에게 복을 주고 괴로움을 없애는 일)'를 베풀라는 큰 가르침을 남겼답니다.

1 석가모니는 어떤 환경에서 태어나고 자랐나?

지금으로부터 2천 5백년 전 인도의 히말라야 산에 '가비라' 라는 나라에서 수도다나왕의 왕자로 음력으로 4월 8일에 태어났다. 그는 궁궐에 살면서 왕자로서 부족함을 모르고 자랐고, 일곱 살 때부터는 유명한 스승들에게 무예·산수·승마 등을 배웠다.

2 석가모니가 궁궐 밖으로 첫 번째 외출하여 충격을 받은 것은?

등이 굽은 노인과 어린 여자 아이까지 밭을 일구고, 말에게는 산더미같은 짐을 지우고 낑낑거리며 일하는 사람들과 새가 벌레를 쪼아먹는 것을 보고 생명체의 죽음에 대해 큰 충격을 받게 된다.

3 두 번째로 외출하여 본 것과 새로 알게 된 것은?

사람이 늙고, 병들며, 죽어가는 고통을 알았다. 그런데 그런 인간의 고통을 벗어나기 위해 속세의 욕심을 버리고 고행하는 사람을 만나 도의 깨달음을 위한 고행도 알게 되었다.

4 석가모니가 출가를 하면서 수도다나 왕에게 밝힌 자신의 뜻은?

첫째 늙지 않는 것이고, 둘째는 병들지 않는 것이다. 그리고 셋째는 죽지 않는 것, 네 번째는 서로 이별하지 않고 평생을 함께 사는 것. 그러기 위해서는 고행으로 도를 닦아야 한다는 자신의 뜻을 밝히고 궁궐을 나가 고행을 시작하였다.

5 모진 고행 끝에 보리수 아래서 깨달은 결론은 무엇인가?

늙고 병들어 끝내는 죽는 것이 인간의 삶으로, 인간이 죽음을 두려워해야 할 필요가 없다는 것. 즉 죽음의 세계는, 어둠이 아니라 속세를 떠나 열반(모든 고통에서 벗어나 죽지도 않는 경지)의 경지에 이른다는 깨달음이었다.

6 석가모니가 제자들에게 유언처럼 남긴 마지막 가르침은?

자연의 이치는 아무도 거스를 수 없고, 세상의 모든 형태가 있는 것은 반드시 없어지는 법이다. 또한 올바른 것, 깨끗한 것은 세상이 변한다고 해도 변하지 않는 것이라는 가르침.

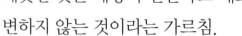

가장 감명깊게 읽었던 위인은 누구였나요?

그 위인이야기를 생각하며 한 장면을 그려 보세요.

가장 감명깊게 읽었던 위인은 누구였나요?

위인이야기를 생각하며 독서감상문을 써 보세요.

독서감상문을 쓸 때, 어떤 점이 감동을 주었는지
또 어떤 점을 닮고 싶은지 생각해서 써 보세요.

자신은 어떤 사람이 되고 싶은지 그림을 그리고,
또 글로 써 보세요.